Liderar con swing

Coordinación editorial:
DÉBORA FEELY

Diseño de tapa:
DCM DESIGN

RAFAEL MARATEA
Colaboración:
ALFREDO E. MARFORT

Liderar con swing

Descubra el arte de liderar
a través del golf

GRANICA

BUENOS AIRES - BARCELONA - MÉXICO - SANTIAGO - MONTEVIDEO

© 2011, 2012 *by* Ediciones Granica S.A.
Primera reimpresión: octubre de 2012

ARGENTINA
Ediciones Granica S.A.
Lavalle 1634 3º G / C1048AAN Buenos Aires, Argentina
Tel.: +54 (11) 4374-1456 Fax: +54 (11) 4373-0669
granica.ar@granicaeditor.com
atencionaempresas@granicaeditor.com

MÉXICO
Ediciones Granica México S.A. de C.V.
Valle de Bravo Nº 21 El Mirador Naucalpan Edo. de Méx.
(53050) Estado de México - México
Tel.: +52 (55) 5360-1010 Fax: +52 (55) 5360-1100
granica.mx@granicaeditor.com

URUGUAY
Ediciones Granica S.A.
Scoseria 2639 Bis
11300 Montevideo, Uruguay
Tel: +59 (82) 712 4857 / +59 (82) 712 4858
granica.uy@granicaeditor.com

CHILE
granica.cl@granicaeditor.com
Tel.: +56 2 8107455

ESPAÑA
granica.es@granicaeditor.com
Tel.: +34 (93) 635 4120

www.granica.com

ISBN 978-950-641-593-8

Hecho el depósito que marca la ley 11.723

Impreso en Argentina. *Printed in Argentina*

Maratea, Rafael
   Liderar con swing : descubra el arte de liderar a través del golf . - 1a ed. 1a reimp. - Buenos Aires : Granica, 2012.
   128 p. ; 22x15 cm.

   ISBN 978-950-641-593-8

   1. Liderazgo. I. Título
   CDD 658.4

ÍNDICE

PRÓLOGO	9
Y… ¿DÓNDE ESTÁN LOS LÍDERES?	11
FUNDAMENTOS	17
LOS CUATRO PILARES	23
PRIMER PILAR: LA CONSTANCIA	23
SEGUNDO PILAR: LA CONFIANZA	25
TERCER PILAR: LA CONCENTRACIÓN	27
CUARTO PILAR: EL EQUILIBRIO	28
LOS 14 PRINCIPIOS	31
PRINCIPIO 1. EL MIEDO EXISTE; TODO JUGADOR NUEVO TEME NO PEGARLE A LA PELOTA	31
PRINCIPIO 2. LA ANSIEDAD REDUCE SU POSIBILIDAD DE ÉXITO… RELÁJESE	35
PRINCIPIO 3. NO SE ENFOQUE EN EL RESULTADO, SINO EN HACER SU MEJOR *SWING*	41
PRINCIPIO 4. NO LE SAQUE LA VISTA A LA PELOTA HASTA QUE TERMINE EL *SWING*	45
PRINCIPIO 5. SI ELIGE BIEN EL PALO, LOGRARÁ SU OBJETIVO	49
PRINCIPIO 6. NO ES USTED EL QUE GOLPEA, ES EL PALO	52
PRINCIPIO 7. USTED ESTÁ SOLO, SUS DECISIONES AFECTAN SU JUEGO	57
PRINCIPIO 8. USTED NO ES TIGER WOODS, NO QUIERA JUGAR COMO ÉL	61
PRINCIPIO 9. EL *SWING* DEBE SER FÁCIL, AGRADABLE, DIVERTIDO	64
PRINCIPIO 10. NUESTRO *SWING* DE PRÁCTICA ES MEJOR QUE NUESTRO *SWING* REAL	68

PRINCIPIO 11. ES TAN IMPORTANTE EL TIRO DE SALIDA COMO EL ÚLTIMO *PUTT*	73
PRINCIPIO 12. UN BUEN GOLPE VIENE PRECEDIDO DE UN BUEN *GRIP*	78
PRINCIPIO 13. EN EL GOLF NO HAY NADA QUE SEA CONSTANTE	83
PRINCIPIO 14. EL GOLF ES UN JUEGO DE CABALLEROS	86
UNA SUGERENCIA ESPECIAL	91
EL MOMENTO FINAL... EL RITMO	95
ANEXO I	
SUGERENCIAS PARA TRABAJAR LOS CUATRO PILARES EN SU VIDA PROFESIONAL Y PERSONAL	101
SUGERENCIAS PARA TRABAJAR LOS 14 PRINCIPIOS EN SU EMPRESA	103
ANEXO II	
GUÍA PARA PRINCIPIANTES	111

PRÓLOGO

Día de sol, temperatura de 20 grados; son las 9 de la mañana y sobre los *fairways* aún quedan rastros del rocío de una noche de verano. "Ideal —pienso— para jugar al golf", y allí voy.

Día de sol, temperatura de 20 grados gracias al aire acondicionado de mi oficina. "Ideal —pienso— para hacer una reunión con mis gerentes y analizar el avance de los proyectos en curso."

Si han experimentado alguna de estas dos situaciones, ¡bienvenidos! ¡Este libro es para ustedes!

Me siento privilegiado de poder tener estos "pasatiempos". ¿Pasatiempos dije? NO, no lo son; son elecciones de vida. La primera la tomé cuando fui invitado gentilmente por amigos ya experimentados en el juego del golf, mientras que la segunda es una consecuencia del devenir de mi carrera. Elecciones al fin.

Lo cierto es que hoy en día, aquí estoy, en esta situación que me permite disfrutar de la amalgama de conocimientos que Rafael Maratea ha podido entrelazar y expresar con gran maestría.

Muchos lectores descubrirán en este libro revelador que practicar y perfeccionar el arte del liderazgo presenta grandes similitudes con el desafío de perfeccionar nuestro juego y superarnos a nosotros mismos en el campo de golf.

¿Por qué? Porque, claramente, el camino del líder conlleva la elección de las tareas para nuestros colaboradores, la toma de decisiones, pero también los aprendizajes que nos dejan las pelotas que quedan a un centímetro del hoyo, el adaptarse a los terrenos, vencer los obstáculos y automotivarnos en este camino de superación.

Comencé este prólogo con dos frases, una sobre golf y otra sobre liderazgo, pero ¿qué pasa con quien no sabe nada de golf? ¡Bien! Aquí podrá encontrar algo parecido a su "alma", lo que subyace al juego, el JUEGO con mayúsculas, y quién sabe, tal vez después de leerlo se sume a este grupo de personas cuyo objetivo es disfrutar de un juego donde se gana o se pierde ante uno mismo. No hay otros responsables (seguramente, si está en el sillón del líder, esto le resulta muy apropiado para su rol dentro de la oficina, ¿no?).

Y para aquellos que aún no tengan colaboradores a los que dirigir, este libro es un buen compendio de las habilidades y capacidades que deberán tener o desarrollar para "poder" disfrutar de ese "poder".

Basta de palabras, y ¡a jugar!

Víctor José Ghiglione
Human Resources Director
Brink's Argentina

Y... ¿DÓNDE ESTÁN LOS LÍDERES?

Si hay un tema tratado, conversado, estudiado, filosofado, transmitido y que ha ocupado la mente de consultores de todo el mundo, ha sido, sin lugar a dudas, el del "liderazgo". Desde tiempos remotos, esta disciplina ha ocupado y preocupado a pensadores, escritores, analistas, directores, y público en general. Debe ser el tema más tratado y, seguramente, el menos ejercido de la historia. No en vano grandes directores de Hollywood han hurgado en la historia para poner en pantalla relatos relacionados con grandes líderes.

Ahora bien, la cruda realidad nos dice que en las empresas de todo el mundo no tenemos suficientes líderes que puedan lograr objetivos desafiantes, motivando y reteniendo, entusiasmando a los colaboradores y empleados de las diferentes industrias. Ni qué decir de los aparatos políticos y gubernamentales, donde la escasez es notoria. De hecho, es tan clara la falta de líderes que, ante la aparición de algún líder no formal, nos ponemos a su merced con la esperanza de que sea el elegido... Pensemos en la película *Matrix*, en la que todos los personajes están esperando por Neo, rogando que sea "El Elegido".

Lo cierto es que en estos últimos tiempos hemos trabajado para mejorar la calidad del liderazgo de nuestros gerentes, jefes, capataces, encargados, supervisores, o cualquier persona de la organización que tenga gente a cargo. A fuerza de ser honestos, debo decir que estamos sin rumbo y dando manotazos de ahogado para salir de la coyuntura existente. Sabemos que las personas no abandonan las empresas por las empresas en sí mismas, sino que la mayoría decide alejarse por la falta de liderazgo en sus jefes. Prefieren dar un paso al costado, fuere la empresa que fuere, antes que quedarse a merced de un jefe que impone y no ayuda al crecimiento de las personas; que solo analiza y ve números; que siente que los colaboradores son ejecutores de trabajo, y no personas que sueñan, ríen, tienen éxitos, fracasos, alegrías y tristezas.

Hoy, en una época en la que se tiende a los resultados, soñamos, sin embargo, con encontrar líderes que presionen para lograr el resultado, pero sin dejar de ver a la persona que hace que las cosas pasen. Ha llegado el momento de la acción. La gente demanda líderes activos, que tengan la capacidad de poner en funcionamiento toda esa maquinaria humana en pos de alcanzar objetivos desafiantes, en un entorno de camaradería y solidaridad, delimitando nuestras acciones y funciones e invitándonos a soñar con un futuro mejor, con un presente más próspero, con aliento, motivación y entusiasmo para seguir adelante pese a todas las contingencias que puedan ocurrir. Queremos ser liderados por gente de excelencia, ser orientados por gente con capacidad de generar cambios, recibir dirección de gente con visión de futuro; queremos que nuestras acciones sean consideradas, que nuestro esfuerzo se vea plasmado en prácticas concretas, queremos sentir que nosotros valemos, que somos importantes, que nos tienen en cuenta, que nos reconocen, que nos valoran por lo que somos, y no solo por lo que hacemos. Queremos, en definitiva, sentir que quien está al frente de nuestra labor es un líder de excelencia, y no un mero gestor de números, porcentajes, estadísticas y valores monetarios; sentir que quien nos dirige nos conoce, sabe lo que queremos y nos ayuda a conseguirlo. No queremos ser gerenciados, ni supervisados, queremos que, de una vez y para siempre, **nos lideren**.

Hemos buscado analogías y comparaciones con cualquier acontecimiento ocurrido sobre la Tierra: desde talleres comprensivos, másteres en liderazgo, jornadas desafiantes, hasta hechos relacionados con la naturaleza, los deportes y las disciplinas orientales, y ya no sé qué otras cosas más para poder bajar a tierra los conceptos básicos necesarios para crear nuevos líderes.

Pero créame si le digo una verdad contundente... usted no es como esa gente; a ellos los podemos tener como referentes, pero usted no va a escalar el Aconcagua, ni va a cruzar los mares del mundo, ni permanecerá sin agua ni comida durante 40 días en el desierto. No, usted es usted, y lo que desea, seguramente, es poder llevar adelante un proceso de liderazgo hacia su gente que le permita conseguir los objetivos que su compañía necesita para poder seguir creciendo. Por eso, si bien las analogías y comparaciones son válidas, muchas veces no son aplicables a su humilde labor. No quiero decir con esto que usted no sea una de esas grandes personalidades; simplemente creo que es necesario bajar a tierra esos conceptos y adaptar los mensajes motivadores a acciones concretas de todos los días. Los mensajes sin herramientas no sirven de mucho, como tampoco sirven las herramientas sin filosofía. Vale una aclaración: hay gente que nace con actitudes de líder y, aunque no tenga las herramientas formales, logra que las cosas sucedan. También hay gente que con pocas herramientas logra, a partir de su pasión, su entrega, su entusiasmo, su valor, que ocurra aquello que persigue. No hay una receta, ni un modelo, ni una fórmula mágica, ni siquiera una sola manera de hacer las cosas. Todo depende de cada uno de nosotros y de nuestra manera de ser.

En una entrevista, Mel Gibson decía de William Walace, el líder medieval sobre cuya lucha se basó la película *Corazón Valiente*: "Me llamó la atención que una persona sin entrenamiento formal y con tierra bajo sus uñas haya despertado tanta pasión en el pueblo escocés y haya logrado convencer a la gente para que sea libre".

Muchos son los que ejercen el liderazgo por intuición sin saber que lo están haciendo, pero hoy no alcanzan, son pocos y necesitamos más cantidad de líderes que puedan llevar adelante cualquier proceso productivo con éxito, amparándose en su gente y haciendo que las personas dejen de sentirse meros espectadores de la realidad para pasar a ser activos hacedores. La reciente crisis mundial nos invita a reformular nuestros procesos de trabajo y nos compromete a hacer más, a lograr resultados y crecer en medio de una turbulenta realidad que nos asusta, nos retrae, nos genera incertidumbre y malestar. En mi labor como consultor he asesorado a muchas empresas de primera línea en temas relacionados con el liderazgo y el *teamwork*, trabajando con altos directivos, gerentes, jefes, supervisores, encargados y hasta con personas que no tenían un cargo formal, pero que supervisaban a un grupo de colaboradores y, en todos los casos, el resultado era el mismo: querían saber cómo hacer para cumplir con los objetivos de las empresas, haciendo que los colaboradores se comprometieran a ser excelentes en sus propios trabajos.

En el fondo de su ser, su inquietud consciente era clara, pero, en su inconsciente, seguía hablando el antiguo capataz de la era tayloriana que tomaba al hombre como una máquina de hacer sin preocuparse de su entorno, sus objetivos, su carrera, sus problemas y sus anhelos. Por eso, el resultado seguía siendo el mismo.

Me permito incluir dos citas que ilustran lo que estoy diciendo. La primera, tomada de la revista del diario *La Nación* del domingo 1 de febrero de 2009, donde Alvin Toffler, uno de los pensadores más importantes de los últimos tiempos, señala que "a nuestros hijos les estamos enseñando de una manera errónea en las escuelas; aún les enseñamos acerca de la jornada laboral de ocho horas y la filosofía tayloriana, cuando definitivamente, el mundo cambió".

La otra, tan reveladora como la anterior o más, es la que enunció Albert Einstein al decir que "loco es aquel que espera conseguir resultados diferentes haciendo las mismas cosas". Sin embargo, esto pasaba con mis clientes. Todos buscaban cambiar la realidad, pero pocos eran los que estaban dispuestos a hacer las cosas de una manera distinta; querían el resultado sin cambiar las acciones. Imposible, digo yo.

Por eso, frente a una realidad crítica que nos empuja a tomar acciones diferentes, a hacer nuestra labor de un modo distinto, la gente espera de nosotros que nos pongamos la camiseta de líderes y... los lideremos. Nada más, solo que los lideremos. *Lead*, desde su raíz indoeuropea significa, en términos generales, guiar por un camino, servir como indicador de ruta y ser un canal o conductor para algo, entre otras acepciones. Y más aún, guiar, también desde su raíz indoeuropea *weid*, es ver, mostrar el camino. De allí que el líder cree o genere movimiento hacia delante, conociendo el camino y, por supuesto, a los caminantes.

Pues bien, vamos a trabajar sobre este tema. Lo invito a que desarrollemos nuestras dotes de líderes y nos pongamos en camino para modificar la realidad.

FUNDAMENTOS

Cuántas veces hemos buscado analogías y metáforas con el fin de entender el concepto del liderazgo y cuántos tests, análisis y cursos hemos desarrollado para poder comprender los alcances de este concepto. Lamentablemente, pocos fueron los aciertos y muchas las decepciones. No porque no tengamos la información requerida para poder comenzar un excelente proceso de liderazgo, sino porque no tenemos en claro cómo debemos llevar la teoría a la práctica. Solo basta con ingresar en Internet y poner la palabra "liderazgo" para que aparezcan miles de sitios con información, bibliografía, anécdotas, biografías, escritos, ensayos, poemas, libros y otras cosas más que versan sobre el tema. La mayoría de nosotros estamos convencidos de que los que llevan adelante las acciones de nuestras compañías tienen la formación y la preparación para poder liderar a su gente y lograr los objetivos propuestos, pero, sin embargo, cuando nos paramos en las acciones del día a día vemos una falta de conciencia respecto de los alcances reales del liderazgo. Creo que mucho tiene que ver con la falta de comprensión de los que estamos liderando. En algunos casos la lógica no tiene sentido. Desde el punto de vista matemático, un objeto más otro objeto son dos objetos. Si lo piensa, una manzana más otra manzana dará como resultado dos manzanas, y una silla más otra silla dará como resultado dos sillas. Pero las relaciones humanas son uno de esos casos donde la lógica no tiene injerencia, ya que una persona más otra persona nunca, y lo repito, nunca, dará como resultado dos personas. Serán más de dos si las personas producen sinergia y se apoyan, o serán menos de dos si las personas compiten y se contraen. Pero difícilmente esta cuenta dé dos.

Por eso es que digo que querer liderar basado en principios lógicos no trae buenas consecuencias. Buscamos, creo, en el lugar equivocado. Sin embargo, seguimos intentando encontrar las claves que nos conviertan en líderes.

Un tiempo atrás, buscando no perder la cercanía con el deporte, conocí el golf. Para muchos, y me incluyo, un juego que no debería llamarse deporte. En ese entonces, pensaba que le faltaba lucha, transpiración, contacto, interacción y compromiso. No es de extrañar que pensara de esa manera, pues al fin y al cabo me crié y crecí entre dos deportes, el fútbol y el rugby. Y, peor aún, en el rugby no solo intervine jugando, sino que durante 29 años me dediqué a su enseñanza en todos los niveles: infantil, juvenil y divisiones de alta competencia.

Dejé la pelota ovalada y, de repente, me encontré cargando una bolsa con herramientas de golf, llena de palos, pelotas, guante, clavitos, toalla, paraguas, etc., caminado por una calle verde que parecía una alfombra, mientras conversaba con amigos intentando pegarle a una pelota diminuta con un pedazo de hierro pequeño para que volara y se metiera en un agujero imposible, gracias a movimientos antinaturales y contrariando todas las leyes conocidas de la naturaleza. Allí estaba yo, un rugbier de nacimiento, áspero y duro, intentando acertar con un golpe a una pequeña pelota blanca llena de pozos. Por supuesto que pensaba que no hacía falta ningún profesor; solo me tenían que decir cómo tomar el palo y el resto debería resultar sencillo. Sin embargo, esa autosuficiencia que siempre me caracterizó no me favoreció aquí, y tardé un año en darme cuenta de que necesitaba ayuda. Hoy puedo decir que estoy fascinado con el golf, juego dos veces por semana, tomo clases otras dos, y cada día me convenzo más de que la manera en la que juego al golf coincide con mi forma de manejarme en la vida.

Hoy estoy convencido de que el juego del golf es uno de los más completos, coherentes y desafiantes que he conocido, y que nos ayuda a ver otros aspectos en nuestra vida de manera concreta y práctica.

El golf nos enseña cómo somos y nos ayuda a mejorar, cambiar y a desarrollarnos física, mental y emocionalmente. *Ansiedad, concentración, objetivo, visualización, fuerza, poder, frustración, fracaso, éxito, emoción, exaltación, motivación, creencia, desafío, elección, comprensión, análisis, soledad, decisión, detalle, ajustes, proceso, repetición, talento, rutinas* son conceptos con los que el golf nos enfrenta. Léalos nuevamente y verá que son similares a los que necesitamos en nuestras empresas y con nuestra gente. También puedo asegurarle que el golf nos impele a tener en cuenta ciertos atributos que son imprescindibles para lograr el éxito.

De todos los conceptos enumerados, el más importante es la *pasión*. Los mejores jugadores de golf sienten pasión por lo que hacen y la manifiestan en cada torneo, en cada entrenamiento, en cada práctica; en definitiva, en todo momento. La pasión les da fuerza y poder. El siguiente atributo es el *compromiso*; el jugador de golf está comprometido con su juego y sabe que depende exclusivamente de él progresar y alcanzar la excelencia, ya que él y solo él conoce los límites, y los estira, los empuja, los desafía permanentemente con el propósito de ser mejor. Asimismo, los jugadores de golf creen en la *humildad*: se declaran ignorantes, saben que necesitan de la ayuda de los expertos para mejorar su juego, están convencidos de que aún no han llegado a la cima y por eso siguen practicando y aprendiendo.

Imagínese a usted de esa manera, imagínese siendo un líder apasionado, comprometido y con la humildad suficiente como para sentirse perfectible; imagine lo que puede lograr, lo que puede llegar a ser. Solo piense por un minuto qué sería de su liderazgo con estos tres atributos y qué resultados obtendría.

Ahora piense en alguien con quien haya jugado, no importa a qué deporte. Piense en ese jugador sin la pasión necesaria, un apático al que todo le da lo mismo y que permanentemente se le tiene que estar diciendo que corra, que juegue, que se esfuerce. Luego piense en ese mismo jugador sin compromiso, sin poner lo que hay que poner. Un jugador que en lugar de estar concentrado en mejorar su juego, está pensando en el asado de la noche. Y, por último, imagine una conversación entre ambos en la que él le dice que había hecho una ronda de 65, que tuvo 8 *birdies* y 2 *águilas*, que el *boggie* no es algo que esté en su vocabulario y que sus palos son los mejores del mercado. Piense en ese jugador falto de humildad que le refriega en la cara su *score* y que le da cátedra acerca de lo que usted debe hacer a cada momento.

¿Lo pensó? ¿Se lo imaginó? Ahora dígame: ¿qué sentimientos y emociones despierta en usted esta clase de personas? Bueno, no sé en usted, pero le aseguro que en mí esto despierta bronca, ira, furia. También sé que nuestra gente, al ver estas falencias en un jefe, siente lo mismo que yo. Al ver a un jefe que no tiene pasión por lo que hace, que no da todo lo que tiene en pos de conseguir algo y que no muestra su humildad y se presenta como el sabelotodo, nuestra gente siente, como mínimo, rechazo. Y en esta época particular, en este momento especial, queremos sentirnos al resguardo de un guía. Queremos que quien esté al frente de nuestra labor sea una persona apasionada, comprometida y, por sobre todo, humilde; que sepa marcar el rumbo y transmitirnos la pasión del crecimiento, que sepa ponerse al frente y caminar enseñándonos el camino. Necesitamos que nos escuche y pida nuestras opiniones, que nos manifieste que no lo sabe todo y que nosotros podemos ayudarlo a mejorar. Eso buscamos de nuestros líderes.

Lo invito a desarrollar un nuevo liderazgo basado en el juego del golf. Verá que las comparaciones le resultarán increíbles y los resultados serán los deseados. A través de este libro veremos cómo la práctica del golf es directamente comparable con la del liderazgo. Las semejanzas son asombrosas.

Hemos encontrado cuatro pilares y catorce principios fundamentales en el golf que son necesarios en un proceso de liderazgo. A lo largo de este libro, usted podrá ver cómo se relacionan exactamente estos principios con lo que un líder necesita en su labor, y llegará al final con una idea cabal de las acciones requeridas para liderar a su gente.

De todas formas, le aclaro que cuando termine este libro necesitará horas de práctica para perfeccionar su técnica, pero eso…, eso se lo dejo a usted.

LOS CUATRO PILARES

Comencemos con los pilares en los que tanto el juego del golf como el liderazgo se apoyan. Estos son:

- **Constancia**
- **Confianza**
- **Concentración**
- **Equilibrio**

Primer pilar: la constancia

Nada se logra sin un mínimo esfuerzo; todo requiere de nuestra parte algo más que la simple actividad. Para lograr resultados impactantes necesitamos perseverar, practicar, hacer y perfeccionarnos. El golf es así, el liderazgo también. Para poder realizar un *swing* completo, armónico y con ritmo necesitamos ser constantes en nuestro desarrollo. Tiger Woods entrena siete horas diarias para perfeccionar su juego. Los grandes profesionales son consecuentes; incluso cuando las cosas les salen bien, se preocupan por mejorar, por refinar su técnica, por cambiar sus formas para lograr el desarrollo perfecto. Los malos jugadores de golf solo confían en su intuición, no se desarrollan, practican poco, no se esmeran y terminan por hacer vueltas de 120 a 140 golpes; por supuesto que, según ellos, la responsabilidad es de la cancha, los palos, las malas pelotas, etc. Dicen los que saben que los jugadores excelentes dejan la pelota donde quieren solo un 3% de las veces; el resto queda cerca de donde se lo propusieron, pero es su dedicación, su constancia y su perseverancia lo que los hace mejorar cada día.

Yo tengo 19 de hándicap, o sea que no soy muy bueno, pero me esfuerzo por mejorar día a día. En cierta ocasión, mientras estábamos jugando con amigos, mi segundo tiro quedó a 40 yardas del *green* y, al realizar el tercero, dejé la pelota a siete metros del hoyo. Mi compañero, desde 100 yardas, dejó la pelota en su segundo tiro a un metro del hoyo. Lo gracioso fue que maldijo el tiro y se molestó con él. Pensando en mi tiro, lo miré y le dije que el suyo había sido extraordinario. Él me contestó: "No Rafa, yo practico todos los días para que ese tiro quede a menos de treinta centímetros, no para que quede a un metro". Su hándicap es 6 y su exigencia es constante. No podemos pensar que las cosas van a suceder independientemente de nuestros actos, somos nosotros los que hacemos que las cosas ocurran.

En su función como líder, lo imagino permanentemente generando acciones nuevas, desarrollando un sistema de reuniones o conversaciones regulares con sus colaboradores, implementando planillas de medición o, quizá, organizando desayunos con su equipo. Es importante tener en cuenta que toda acción que emprendamos necesita ser constante porque no es efectivo que sea ocasional o temporal; es imperativo que si meditamos una acción y la damos a conocer, se mantenga en el tiempo. Es la constancia con esa acción lo que garantiza el éxito.

A lo largo de mi carrera como consultor, he visto múltiples acciones que fueron exitosas y otras tantas condenadas al fracaso. No puedo decir que las que fallaron fueran malas acciones y que, por ende, estaban destinadas a no funcionar, sino que, en la mayoría de los casos, fracasaron por no ser consecuentes y constantes. He visto gerentes, jefes y hasta encargados que planificaban reuniones con su equipo una vez a la semana y que, al cabo de tres semanas, se perdían por exceso de trabajo, por compromisos asumidos o por desencuentros. La realidad es que esas reuniones quedaban sin efecto y no solo se perdía contacto, sino que los colaboradores ya no confiaban en la palabra de sus jefes.

Me gusta ver a los grandes golfistas comprometidos con su crecimiento. Los profesionales entrenan, entrenan y entrenan, llegan a un torneo dos horas antes para calentar y practicar, y son consecuentes con su juego. Es maravilloso ver a los profesionales cuando son constantes y consecuentes en todo un torneo; no importa si van primeros o últimos, mantienen su constancia y compromiso hasta el final de la vuelta. Es sabido que Tiger Woods nunca abandonó un torneo si ya lo había empezado. Incluso, con la rodilla en mal estado, terminó el torneo que había comenzado y, además, ¡lo ganó! Eso es constancia. La primera clave de un excelente liderazgo, por lo tanto, es la constancia y la perseverancia, ya que todo lo bueno requiere un tiempo de maduración y nada se logra si creemos que crecerá de la noche a la mañana. Mire a la naturaleza: las cosas más exquisitas toman tiempo. Comprométase a mantener su constancia pese a todo y no solo logrará mejores resultados, también su gente creerá en usted y en su palabra.

Segundo pilar: la confianza

El golfista que le diga que no siente temor ante un nuevo tiro le está mintiendo. Todos, absolutamente todos los que juegan golf, se enfrentan con sus temores cuando están por pegar; es parte del juego. Claro está que cuanto más juega y practica, cuanto menos hándicap tiene y cuanto más profesional es, su temor disminuye, y esto sucede porque crece la confianza. Esta clave tan sencilla es vital para convertirse en un jugador de excelencia, es lo que diferencia a un profesional de un *amateur*, a un gran jugador de uno pésimo. Lo más importante es que la confianza se transmite: uno ve a un profesional parado en el *tee* de salida y siente su confianza, siente su seguridad. Por supuesto que, más allá de que sea un buen o mal tiro el que ejecute, el profesional lo hace confiando en que su golpe dejará la pelota en su objetivo. Luego analizará por qué falló, pero el golpe fue efectuado con toda la confianza porque, de otra manera, sería imposible para él lograr un buen resultado. De todas formas, la confianza es un atributo que se va ganando con el tiempo. Imagino que cuando usted se hizo cargo de su equipo, no contaba con el cien por ciento de su confianza y tuvo que realizar acciones que lo ayudasen a pararse más firme, con mejor semblante y con la convicción de que estaba transmitiendo esa confianza en usted mismo a sus colaboradores.

Pues bien, así como los grandes golfistas ganan confianza a través de su entrenamiento, usted deberá crecer en confianza mediante sus acciones y decisiones. No se preocupe si se equivoca, si no logra su objetivo, o si no consigue obtener lo que se propone; el requisito fundamental en el líder es precisamente confiar en lo que hace, independientemente de que la decisión sea buena o mala. Si la acción es la que se debe encarar, nuestra gente busca en su líder alguien que dé pasos firmes, que confíe en sus decisiones y ponga manos a la obra ante cualquier desafío. Repito, aunque se equivoque, no será ni la primera ni la última vez que veamos a un profesional errar en la elección del palo, la distancia o la dirección, pero él lo hará con la confianza de que con la información que tenía hizo lo correcto. Sea un líder que tenga confianza en su propia capacidad de hacer que las cosas sucedan, en sus decisiones, en su accionar; el tiempo perfeccionará su técnica y la práctica mejorará sus decisiones. Téngalo presente, la confianza es el principal atributo de un líder de excelencia.

Tercer pilar: la concentración

Cuando uno ve a los jugadores de alto nivel, llama la atención lo abstraídos que están en el momento de la preparación y el tiro posterior. Pareciera que en su cabeza el jugador solo tiene un pensamiento: pegarle a la pelota para que se dirija a donde él desea. Es más, los grandes jugadores cumplen a rajatabla un ritual durante el cual algunos ponen la pelota en el *tee* de salida, hacen un *swing* de práctica, se paran detrás de la pelota, miran el campo marcando su objetivo, vuelven a mirar la pelota, vuelven a mirar el objetivo, y recién entonces se paran y pegan. Y si en ese ritual algo ocurre, vuelven a copiar esos mismos movimientos para lograr el resultado que desean. Siempre hacen lo mismo. Por eso decimos que la concentración es fundamental en el liderazgo, y esto se puede traducir de esta manera: haga lo que tiene que hacer solo pensando en eso que tiene que hacer. No sirve intentar hacer muchas cosas a la vez para ganar tiempo; lo que ocurre en la mayoría de los casos es que no hacemos nada bien. Por eso, preocúpese por conversar con su colaborador si eso es lo que está haciendo y conteste el correo más tarde. Concéntrese en lo que está escuchando y lo que va a decir, y olvídese del resto; ya llegará el momento de hacer lo demás. No se preocupe por su segundo tiro cuando está pegando el primero; esté donde tenga que estar en el momento correcto, ya habrá tiempo para todo lo demás. Observe a los que realmente juegan, y verá que su mente está en cada paso que dan; no hacen dos cosas a la vez, sino que se concentran en pegar y luego en caminar; no están pensando en el segundo tiro, solo en el primero. El gran error de algunos golfistas, sobre todo en los que recién empiezan a jugar, es mirar la pelota para ver dónde va después del tiro. Esto en la jerga técnica del golf es "sacar la cabeza". La única obsesión de los jugadores expertos es mirar el lugar donde está parada la pelota, hasta que la pelota ya no está allí.

No saque la cabeza nunca antes de ver que la pelota no está donde estaba. Un paso a la vez: pegue y después mire, no haga todo al mismo tiempo. Con frecuencia vemos jefes, gerentes y hasta directores que mientras están conversando con uno de sus colaboradores, responden el correo, piensan en la reunión que tendrán con sus pares, o, simplemente, su mente divaga en objetivos, tiempos, asuntos inconclusos, etc. Si actúa de esa manera, no solo creo que no logrará escuchar lo que le dicen, sino que su gente comenzará a desconfiar de usted. Lo crea o no, la gente se da cuenta cuando usted no le está prestando atención, y esto crea rupturas, falta de credibilidad y desconfianza.

Cuarto pilar: el equilibrio

El equilibrio es la otra variable fundamental en el juego del golf que implica dominar el cuerpo a través del *swing* para poder impactar mejor a la pelota. Cuando uno está en equilibrio, cuando es dueño de su *stance*, el impacto del palo en la pelota llega con la flexibilidad y la potencia necesarios para hacer un tiro de calidad. Estar en equilibrio significa terminar el golpe y quedar perfectamente posicionado mirando hacia delante con todo el cuerpo, con la sensación de haber hecho lo que teníamos que hacer. En ese momento, puede venir cualquier persona a tratar de movernos y le resultará difícil. Luego veremos cómo modificar el *stance*, el centro de gravedad y la posición de los pies para lograr mayor soltura y rotación a fin de impactar con todo el cuerpo. El otro concepto de equilibrio en el golf tiene que ver con la mente: uno debe estar emocionalmente equilibrado para jugar bien. Su mente es el motor que genera los buenos golpes y es el ancla que crea los malos golpes también. Uno termina de jugar un hoyo en el que hizo doble *boggie* y cuando llega al *tee* de salida del próximo, lo hace con falta de confianza y en estado de angustia, impotencia o frustración. Dejar que esas emociones nos dominen significa haber perdido el equilibrio del golf. Seguramente el *stance* no será el mismo, el *grip* tampoco. Es probable que cuando pegue sienta desequilibrio en su cuerpo y falta de armonía, dando lugar a un estado de ánimo de furia o de bronca, lo que provocará un pésimo resultado.

En el liderazgo, el equilibrio tiene que ver con tener unos instantes de presión y otros de relax, unos momentos de mucha labor y otros de distensión. En el liderazgo, equilibrio significa ver al trabajador y también a la persona. Es llevar la conducción a un grado más humano, sabiendo que la motivación del colaborador generalmente no está en la empresa sino afuera, y es menester ayudarlo a encontrar satisfacción en la tarea.

El equilibrio en la vida del líder y sus colaboradores ayuda a que cada uno se comprometa a realizar la tarea, sabiendo que eso repercutirá en su vida particular. En esta época en la que buscamos paz, el encontrar un espacio donde se preocupan por nosotros como empleados y como personas nos predispone a hacer lo que sea necesario, y eso es compromiso. El líder debe encontrar equilibrio, entonces, en sus emociones y en sus acciones. Siempre habrá un tiempo para felicitar y uno para reprender. Ninguna de estas acciones sola tiene efecto: si el líder solo felicita a sus colaboradores, ellos dudarán de su honestidad después de un tiempo, y si, por otro lado, lo único que hace es reprender, la gente sentirá que, haga lo que haga, siempre faltará algo. Por eso creo que la palabra clave en cualquier proceso de liderazgo es, sin lugar a dudas, "equilibrio".

Constancia, confianza, concentración y equilibrio son las bases sobre las cuales su liderazgo necesita construirse. A continuación nos centraremos en los catorce principios del golf, aplicados al liderazgo, que espero sean de su interés y lo ayuden a descubrir al líder que lleva dentro. Con todos los éxitos…

LOS 14 PRINCIPIOS

Principio 1. El miedo existe; todo jugador nuevo teme no pegarle a la pelota

Si algún golfista le dice que nunca tuvo temor al pegarle a la pelota, no le crea. Todo golfista se encuentra ante una situación de temor cuando está frente a esa diminuta pelota. No es extraño, de hecho piense que usted debe impactar en una bola con una exigua circunferencia, con un instrumento quirúrgico de precisión, cuya base no mide más de 30 centímetros, girando todo el cuerpo para darle velocidad a la cara del palo, para que esa esfera vuele por los aires 100, 200 o 300 yardas... ¡Como para no sentir temor! ¿Cómo se lo vence? Con confianza. ¿Cómo se la logra? Con la práctica constante. Los jugadores profesionales pegan un promedio de mil pelotas por entrenamiento y aumentan su confianza. De esta forma, desaparece el temor y, así y todo, utilizan mecanismos de concentración y técnicas para sobreponerse a situaciones de falta de confianza. Por eso no se preocupe, su sentimiento es el de todos. Recuerdo que la primera vez que tuve un palo de golf en la mano y me dijeron que le tenía que pegar a la pelota, cambió por completo mi fisiología. Mi organismo comenzó a secretar mayor cantidad de corticotropina (CRH), mi cuerpo se puso en tensión, ya que el hígado comenzó a enviar mayor cantidad de azúcar a la sangre, el corazón empezó a latir más rápido, por consiguiente los pulmones comenzaron a funcionar más intensamente para poder llevar oxígeno a todo el cuerpo. En ese momento las venas comenzaron a ensancharse para que la sangre viajara más rápido, y la mayor parte de esa sangre fue a parar a las extremidades, brazos y piernas, ya que ante una situación de temor, de peligro o de enfado, el organismo se prepara para correr o para luchar, pero difícilmente llegue mucha sangre al cerebro, por lo que el centro de pensamiento queda anulado. Yo estaba a merced de mi cuerpo y, como consecuencia, le erré a la pelota.

Fue tanta la vergüenza que pasé, que había generado un patrón en mi cerebro que decía: "Es imposible pegarle a algo tan pequeño con un instrumento como este".

Tuve que vencer mi temor para poder jugar golf y, aun así, hoy en día, cuando estoy en el *tee* de salida, debo concentrarme para no errar.

Piense en función del liderazgo: ¿alguna vez sintió temor?, ¿creyó que no podía llevar adelante su función?, ¿tuvo la sensación de que su gente no le respondería?, ¿se sintió muy joven, muy viejo, con falta de experiencia, muy experimentado, con poco conocimiento?, ¿tuvo la sensación de que no le tenían respeto?

Quién sabe cuántas cosas más pudo usted haber sentido con respecto a su función de jefatura... Imagino que muchas. Lo cierto es que las sensaciones que usted tenga, tuvo o tendrá no son permanentes, son solo pasajeras, son simples mensajes de invitación a crecer, a perfeccionarse, a madurar, a convertirse en el líder que está llamado a ser. Le recomiendo que no luche contra esas sensaciones, no se las ponga en contra, solo pregúntese qué tiene que aprender de ellas de manera de tenerlas de aliadas, y no deje de estudiar, de leer, de capacitarse, de entrenarse. Mantenga reuniones periódicas con su gente, pídales su opinión, hágalos parte de su proyecto, invítelos a que den sus sugerencias, aprenda de los que están allí desde hace más tiempo que usted, sea humilde, conozca el talento que tiene cada uno de ellos, favorezca el clima para que sus colaboradores se muestren, hágalos soñar, siéntalos y, por sobre todo, confíe en que usted los puede liderar y ellos necesitan que usted los lidere. De la misma manera que usted debe conocer su juego de palos para poder sacar el máximo provecho y debe palparlos, entenderlos, jugarlos, moverlos, confiar, golpear, practicar el *swing*, lo mismo debería hacer con su gente para perder el temor a fracasar, a no dar con el estándar, a no ser correspondido, a no lograr que se comprometan, a no alcanzar los objetivos. El temor es nuestro compañero porque nos mantiene alertas; el exceso de confianza mata, pero la falta de confianza destruye. Saber manejar el temor es la clave para lograr resultados sorprendentes. Cada vez que juego un torneo siento temor, y eso me hace buscar al máximo mis talentos para potenciarlos; en mi trabajo como consultor, también. Cada vez que estoy frente a un público nuevo en un curso, en una conferencia, seminario o taller, siento temor, y eso me garantiza que voy a dar lo mejor de mí para que la gente se vaya con el mensaje y las herramientas que han venido a buscar. El temor no es malo ya que nos mantiene atentos, en alerta, concentrados. El problema del temor es cuando aumenta de nivel y se convierte en miedo. La particularidad que tiene el miedo es que nos paraliza, nos inmoviliza. Por eso, si siente temor, avance, confíe y crezca; si, en cambio, experimenta miedo, busque ayuda profesional.

Siempre en relación con el temor, parece necesario comentar algo adicional. Algún creativo tomó el término temor en inglés (*fear*) y desarrolló el acrónimo *Falsa Evidencia*

*Aparentemente **R**eal* (*False Evidence Apparently **R**eal*), y con esto explicó que se teme una creencia o evidencia porque se la cree posible o real, al extremo de que sea capaz de trastornar hasta a las personas más centradas y aplomadas. De esto se pueden desprender dos conceptos importantes.

El primero alude a que lo trascendental es saber que la emoción del temor existe y que es importante identificarla y reconocerla para luego controlarla. Hay quienes temen estas falsas evidencias porque sienten que carecen de ciertas habilidades o destrezas, que necesitan la aprobación y/o aprecio y aceptación de otros, padecen baja autoestima, tienen pensamientos negativos y, aunque parezca increíble, hasta temen al éxito. No es nuestro objetivo analizar estos factores aquí, pero sí, por lo menos, dejar asentado que todos experimentan la emoción del temor en diferentes grados y por distintos motivos, y es esencial que cada uno sepa identificar este hecho para luego enfrentarlo y superarlo. Esto es importante porque, si bien se puede aparentar la ausencia de una emoción como el temor, tarde o temprano otros pueden percibirla a través de nuestros actos. Quizá más importante que esto sea el hecho de que uno, algunas veces, puede lograr engañar a los demás y esconderles este temor, pero no a sí mismo. Como consecuencia, esta realidad latente en sus pensamientos y emociones, tarde o temprano, va a afectar sus actitudes y su desempeño.

El segundo concepto tiene que ver con el hecho de que la mayoría de las personas (así como en el golf) desean los buenos resultados de una manera fácil, mediante la ley del menor esfuerzo. La contrapartida de esto es que la falta de práctica en muchos golfistas de fin de semana –y otros tantos– hace que aflore rápidamente la evidente ausencia de cierta destreza y esta carencia afecta el resultado final y, por ende, su autoestima. Ahora bien, algo que distingue a los golfistas profesionales (a los líderes) de los de fin de semana (los seguidores) es que los primeros practican (saben que lo bueno no viene fácil) porque saben que al dominar una destreza obtienen confianza, y los demás confían en ellos, y de esta forma, les es más fácil superar el temor.

Principio 2. La ansiedad reduce su posibilidad de éxito... Relájese

Toda actividad que realicemos contiene una cuota de ansiedad, ya sea por cumplir, por disfrutar, incluso por lograr que mejore nuestro *score*. He visto y he vivido lo que la ansiedad puede hacer en el golfista. Nos desconcentra, nos paraliza, nos invade y el resultado se traduce en malos golpes, juego deficiente y peor resultado. Cuando uno ve a un jugador con ansiedad, puede ver su tensión en la forma en que toma el palo, en la manera en que se para frente a la pelota, en su movimiento de *back swing*, en su *down swing* y, por supuesto, en su golpe y el posterior *follow throught* (la culminación del *swing*). El golf nos expone permanentemente y nos hace transparentes a los ojos de los demás. Pone de manifiesto nuestros mejores talentos así como también nuestras más profundas fallas.

Durante un torneo en la ciudad de Miramar –cuyas canchas, para quien no las conoce, son verdaderos *links* (originales canchas de golf, que nacen en Escocia), todo matas, viento, pocas referencias y muy difíciles para jugar–, cuando estábamos dejando el primer *tee* de salida, le comenté a uno de mis compañeros que ese tenía que ser su día, que tenía que ganar la copa, y él, muy relajado, me dijo pausadamente: "Mi obsesión es pegar bien, hacer un buen *swing* y disfrutar de esta belleza. Ganar pasa a un segundo plano; no es que no quiera hacerlo, pero si disfruto, me concentro y hago mi mejor *swing*, debería estar cerca de ganar". ¡Qué gran verdad! Está todo allí: mientras disfruto, crecen mis posibilidades de ganar. Por el contrario, si me vence la ansiedad, no puedo pretender triunfar. Con esto no quiero decir que usted no quiera ganar, pero debería preguntarse: *¿a qué costo?, ¿con cuánto sacrificio?, ¿con qué consecuencias?*

Por lo que he expuesto, creo que para poder mejorar nuestro juego, así como para desarrollar nuestro liderazgo, debemos empezar, como dice Stephen Covey[1], con un fin en mente. De manera que, tanto en el golf como en el liderazgo, debemos delinear **qué es** lo que queremos lograr antes de ponernos en acción. Claro está que en épocas en las que el resultado es más que importante, las empresas se concentran en el "hacer" en lugar de pensar y poner foco en el "ser".

La sociedad en que vivimos está orientada al logro, por eso cuando un colaborador nuevo se une a nuestro equipo, damos por sentado que sabe dónde se metió, y lo ponemos a generar acción y resultados lo más rápido posible, pero no le damos la visión del negocio ni le explicamos lo que pretendemos de él, ni qué clase de valores manejamos en el equipo, ni qué conducta esperamos; parecería que solo importa lo que rinda, lo que produzca, los resultados que logre. Por supuesto que en el corto plazo funciona, pero si vemos más allá, el resultado más probable es la incertidumbre y el temor. Y con el agregado de que los resultados siguen siendo pobres. Por eso, antes de seguir avanzando en este tema, le sugiero que evalúe la forma en que nos estamos conduciendo con nuestra gente. Creo que sería fundamental empezar a desarrollar nuestra estrategia a partir de tres valores primarios: *Ser - Hacer - Tener*. Precisamente en ese orden. Hoy la sociedad parece haber invertido estos valores, dejándolos de la siguiente manera: *Tener-Hacer-Ser* (cuando *tenga* dinero voy a *hacer* lo que quiera y *seré* una gran persona). Creo que es tiempo de revertirlos para empezar a construir

---

1. Covey, Stephen: *Los siete hábitos de la gente altamente efectiva*. Paidós Ibérica, Madrid, 1996.

una sociedad más justa, proactiva y orientada a considerar al otro por lo que es, y no por lo que tiene o, mejor dicho, por lo que aparenta ser.

Lo vemos en el golf de la misma manera. Muchos malos golfistas están convencidos de que cuando tengan mejores palos harán un *score* mejor y, por ende, serán jugadores destacados.

Usted debería ver a Mario Muñoz, un gran amigo, humilde, solidario, sencillo, quien juega con una bolsa de palos de los años '80, pero sigue alcanzando *drives* de 300 yardas y se cansa de hacer vueltas increíbles. No son los palos, no es la cancha, es él. Él *es* un gran golfista, por ende, *hace* vueltas increíbles y, como consecuencia, *tiene* un gran hándicap. Pero, por sobre todo, tiene lo que decíamos al principio: la *pasión* por lo que hace, el *compromiso* de mejorar y la *humildad* de los grandes. Él nos enseña con su ejemplo cada vez que salimos a jugar.

Espero haber podido expresar este primer punto que tiene que ver con el ser. Pasemos ahora al siguiente: los objetivos.

La mayoría de nosotros nos movemos por objetivos, es decir, marcamos un punto de llegada y generamos la estrategia para alcanzarlo. Esto es bueno porque nos ordena, nos disciplina, nos muestra un camino y nos propone acciones. El problema que yo veo en trabajar o jugar de esta forma es que también nos genera presión. Todo objetivo, para que sea considerado dentro de esa categoría, debe tener fechas de inicio y de fin como requisito primario, al igual que cuando ingresamos a un campo de golf a jugar: el objetivo es cubrir los dieciocho hoyos en la menor cantidad de golpes. Después, podemos decir que "voy a recorrer los dieciocho hoyos en setenta golpes". Aquí tenemos un objetivo cuantificable. Si recorrí los 18 hoyos en setenta golpes, cumplí mi objetivo. Ahora piense qué pasaría si usted va por el hoyo 14 y ha realizado sesenta golpes.

Es posible que no logre el objetivo pactado y que, en el afán de alcanzarlo, empiece a jugar bajo presión, lo que significa que su cuerpo se tensará, sus músculos se pondrán duros, su mente estará estresada y ansiosa, y la consecuencia será desastrosa.

En su compañía debe de suceder lo mismo. Cuando usted debe cumplir un objetivo y solo se enfoca en él, el paso del tiempo determina el grado de presión que usted se impone y le exige a sus colaboradores, con un resultado no deseado. Cuanto más se acerque el día final, mayor presión, estrés y ansiedad creará o se generará en el ambiente. Por otro lado, la motivación o su carencia estarán signadas por la posibilidad de alcanzar el objetivo. Es curioso ver cómo las personas, ante la posibilidad de no llegar al objetivo, cambian su forma de ser y se entregan, ya que, sin importar qué se haga, no queda tiempo para cumplir con lo pactado. De más está decir que en el campo de golf, cuando uno sabe que perdió y se enfoca solo en ganar, tira la toalla y se dedica a divertirse (yo me pregunto por qué no hizo eso desde el comienzo).

Ahora bien, existe una forma de quitarse esa presión de encima: trabajar por un propósito, y no por un objetivo. El propósito es la razón inicial por la cual alguien hace algo, está por encima del objetivo y es aquello que voy a conseguir alcanzando el objetivo. Es el "para qué" del objetivo. La principal diferencia entre un propósito y un objetivo es que mientras el objetivo es tangible, cuantificable y medible, el propósito, en la mayoría de los casos, es etéreo, intangible, e interno. Estoy convencido de que la energía, la fuerza, la motivación surgen del propósito y no de los objetivos. En tanto, los objetivos son los que nos dan la posibilidad de disciplinarnos, establecer pequeños pasos de desarrollo, crear una estrategia y generar un plan de acción. Déjame graficarlo de otra manera: cuando uno empieza a estudiar en la universidad, su mayor ambición es recibirse, lo único que le importa es lograr el título. Si yo comienzo a estudiar Medicina, lo que quiero es ser médico. Por eso le pregunto, ¿ser médico es un objetivo o un propósito? Muchos dirán que ser médico es la razón de ser del estudio, pero yo le aseguro que ser médico es el objetivo, y el propósito de ese estudio está por encima, por ejemplo: *ayudar a la gente a tener salud*. ¿Por qué marco las diferencias de esta manera? Porque nadie me puede garantizar que voy a ser médico, así como tampoco me puede asegurar que voy a recorrer los dieciocho hoyos en setenta golpes. Ahora bien, si no logro recibirme de médico por la razón que fuere, y este fuese mi propósito, ¿qué pasaría con mi vida? De hecho, todo lo que yo quise lograr en mi vida a través del propósito de ser médico quedó sin efecto; como corolario, mi vida se enfrentaría a la frustración. Pero si mi objetivo es ser médico y mi propósito es ayudar a la gente a tener salud y, por cualquier motivo, no logro ser médico, puedo cumplir mi propósito de alguna otra manera, siendo bombero, camillero, chofer de ambulancias o manosanta, pero esté seguro de que el propósito será cumplido sin ninguna frustración. Yendo al tema que nos convoca, cuando usted está en un campo de golf o en su empresa con su equipo de colaboradores y plantea los objetivos sin fijarse la razón de su logro, todo se reduce a la presión, el estrés y la posibilidad de fracasar.

En el golf, el propósito podría ser disfrutar, y el objetivo, cumplir una ronda de setenta golpes. Si no se logra, pero se disfruta de cada *swing*, de cada golpe, de cada caminata, el propósito estaría cumplido, y, dicho sea de paso, es posible que cumpla con el objetivo de tener una ronda de setenta, ya que estaría jugando libre de presión y ansiedad.

Déjeme contarle mi historia, ya que marca a la perfección este principio fundamental del golf y de la vida. En 1993 me descubrieron un cáncer. No le voy a contar toda la historia porque sería demasiado larga, pero si está interesado en conocerla, le recomiendo mi libro *Lo imposible solo tarda un poco más*, que cuenta todo lo sucedido durante mi enfermedad y cómo logramos vencerla con Mariana, mi mujer. Durante mi proceso de sanación he tenido altos y bajos, problemas y satisfacciones, reveses y aciertos, pero mi médico siempre me repetía que el objetivo era que *yo me curase*.

Lo cierto es que a un año de mi primera quimioterapia los resultados no eran del todo satisfactorios; la enfermedad no había crecido, pero tampoco había disminuido. Para ese entonces mi nivel de motivación estaba por el suelo y las ganas de seguir pasando por el sufrimiento de la quimioterapia no eran muchas. Al año y medio, seguíamos igual. En ese momento me planté y pedí terminar con el sufrimiento ya que no había ninguna evolución. Esa misma noche, Mariana me sentó en la cama y con su estilo directo me dijo: "Mirá, Rafa, vos te vas a morir, pero yo me quedo sola con los cuatro chicos (Tomás y Lucas tenían 5 años, Josefina 2 y Santiago 1), así que hacé algo por tu vida y salí de la situación en la que estás".

Créalo o no, tres meses más tarde yo tenía lo que en medicina se conoce como remisión completa de la enfermedad; es decir, estaba curado. ¿Qué pasó? Sencillamente, encontré mi propósito; no podía morir sin ver crecer a mis hijos y acompañar a mi mujer. Punto, no hay nada más. Mientras perseguía el objetivo de curarme, nada pasaba, pero cuando entendí para qué me tenía que curar, surgió lo inesperado. Hoy, a doce años de mi recuperación, no queda ninguna secuela de ese momento. Creer o reventar.

Por eso, desde su función de líder, usted debe definir prioritariamente para qué está haciendo lo que está haciendo. Luego, marque los objetivos que lo acercarán a conseguir ese *para qué*; a partir de allí establezca metas parciales que le den motivación permanente y, luego, genere un plan de acción. Se sorprenderá, se lo aseguro. Tanto en el golf como en la empresa y en la vida, esto funciona a la perfección. Disfrute y permita disfrutar a sus colaboradores, relájese, tómese la vida con calma, haga que cada momento valga la pena; lo demás, llegará por añadidura.

Ya sea que su propósito sea mejorar la calidad de atención, o perfeccionar un producto, la regla siempre será la misma: disfrute haciendo lo que hace. Expuesto de este modo parece muy sencillo, y hasta fácil. La realidad es que este proceso sí es sencillo, pero dedicar tiempo, esfuerzo y neuronas a identificar y definir su propósito puede ser lo que lo obstaculiza. (Esto nos recuerda el concepto compartido en el ítem anterior: la mayoría de las personas desean buenos resultados pero de una manera fácil, mediante la "ley del menor esfuerzo".) O sea, se puede inferir que la gente se niega a invertir tiempo en definir su propósito y esto, a su vez, se debe al hecho de que el "sistema" nos tiene inmersos en un constante "hacer" y, desafortunadamente, ese puede ser el freno de más de una carrera brillante. Recién después de dedicarse diligentemente a comprender la importancia de esto y desarrollar su propósito (el "ser") se podrá eliminar, o al menos mitigar, la ansiedad y el estrés; luego se relajará y disfrutará.

Entonces, como corolario, cabe reflexionar: ¿por qué mucha gente siente ansiedad? Podemos concluir que porque se niegan a definir el propósito. ¿Y por qué muchos prefieren el martirio de la ansiedad antes que encontrarse con su propósito? Nuevamente, los remito al ítem anterior: muchos, aunque no todos, le temen al éxito. ¿Qué otra barrera o justificativo puede haber en su camino para que alguien no quiera sentarse a buscar y conocer ese propósito?

Principio 3. No se enfoque en el resultado, sino en hacer su mejor *swing*

Los golfistas aficionados (o los que juegan mal), estamos preocupados por la cantidad de golpes que tenemos que hacer o por cómo hacemos para llevar la pelota lo más lejos posible del *tee* de salida y, en ese afán, olvidamos concentrarnos en hacer un buen *swing*. En el golf, lo más importante es el *swing*, es lo que le da velocidad, dirección y potencia al golpe; si usted hace un buen *swing*, el golpe será bueno. Enfocarse en el resultado, es decir, concentrarse en pegarle 300 yardas a la pelota desde el *tee* de salida, resta importancia a la concentración del mecanismo que hará que la pelota vuele 300 yardas. Por eso, cuando se enfrenta a un par 4 o 5 de 400 o 500 yardas, el mal jugador está concentrado en pegar fuerte. El problema es que, al querer imprimirle fuerza, nuestro *swing* se desarma y la pelota no alcanza ni siquiera las 50 yardas, o sale con velocidad y potencia, pero hacia el lugar equivocado. Es común ver en los malos jugadores, los *amateurs* o los jugadores ocasionales, una tendencia a pegar con *slice*, es decir, con efecto hacia la derecha, producto, en la mayoría de los casos, de una mala postura, un mal *grip* o un mal recorrido. Esto es fruto, generalmente, de olvidarse de poner el foco en realizar el *swing* con plasticidad y flexibilidad por querer darle fuerza al golpe. El secreto mejor contado del golf radica en hacer el mejor *swing*: moverse con elasticidad llevando el palo hacia atrás (*back swing*), volviendo con flexibilidad y terminando el *swing* (*full swing*). Analizando la secuencia, usted debería visualizar su objetivo final, es decir, dónde está posicionado el *green*; en segundo término, marcar un desarrollo de cómo quiere lograr el resultado; a partir de allí, establecer un objetivo para su primer golpe, luego de esto concentrarse, ejercitar su rutina mental y listo, de ahí en más si su *swing* es completo, el golpe será perfecto.

¿Cómo se aplica este principio al liderazgo? Usted como líder deberá saber muy claramente cuál es su objetivo de logro; es decir, qué es lo que con su equipo debe conseguir. Esta disciplina es fundamental, ya que cuando no se conoce el objetivo a alcanzar, cualquier acción es tomada como válida. De allí que el objetivo debe ser claro, completo, conciso y comprensible para todos los integrantes del equipo; debe ser mensurable para poder analizar el grado de avance o retroceso con respecto a él; debe ser consensuado para lograr el compromiso de todos; debe estar por escrito para que no queden dudas y, por sobre todas las cosas, debe ser tan perfecto que no se pueda lograr sin esfuerzo, pero tampoco que sea inalcanzable, ya que generaría desazón y desmotivación antes de empezar.

En un par 5 de 450 yardas no tengo que tener el objetivo de llegar en un golpe al *green*, ya que sería imposible para mí, pero tampoco uno tan sencillo como golpear 50 yardas, pues no me brindaría la motivación suficiente como para hacer mi mejor *swing*.

Una vez posicionado el objetivo, debe crear en usted la rutina de marcar el camino de desarrollo hacia el objetivo, debe saber qué pasos va a seguir para acercarse cada vez más al objetivo y crear la estrategia de juego que le permita lograrlo. Muchas veces vemos cómo la gente no solo pide a gritos conocer el rumbo, sino también alguna pista de cómo comenzar o por dónde caminar. Ahora bien, no es menester del líder tener el objetivo siempre en la cabeza, solo deberá trabajar a partir de la estrategia logrando acercarse a él paso a paso o, si quiere, golpe a golpe, alcanzando los pequeños objetivos que se fue planteando para el desarrollo de esa estrategia. Luego de esto, olvídese del resultado, concéntrense en las acciones que se vayan generando en su recorrido, confíe en que usted y sus colaboradores darán lo mejor de sí para ir logrando las metas y trabaje por mejorar su performance y la de todo su equipo; el resultado llegará por añadidura. Una vez que posicionó su objetivo, clarificó las metas, distribuyó las tareas y generó la estrategia, ya no importa el resultado. Solo hacer las cosas bien le garantizará que este se logre. Si usted, en cambio, tiene en mente permanentemente el resultado, logrará contagiar ansiedad, trabajará con presión y, como consecuencia, perderá de vista lo esencial, es decir, hacer su mejor *swing*. Cuando yo, que no soy un buen jugador, comienzo a pensar en el resultado sabiendo que para estar bien o para ganar debo hacer como mínimo par o necesariamente un *birdie*, pierdo de vista la rutina, agarro el palo con mayor fuerza e intento extremar la potencia para que la pelota vuele más. Como resultado, no logro que la pelota siquiera se eleve y, sabiendo que estoy lejos de lograr el objetivo, genero mayor presión y frustración.

Lo mismo sucede con nuestro liderazgo: cuando me obsesiono en lograr la "cuota" o cumplir con el resultado, empiezo a presionar a mis colaboradores hasta ahogarlos, los intimo, los controlo y, como consecuencia, no dejo salir lo mejor de ellos, sin siquiera acercarme a lograr el objetivo propuesto. En todos los ámbitos de la vida se cumple este principio, sea usted un estudiante universitario que está más preocupado por recibirse que por crecer año a año, o un deportista que necesita ganar, o un empleado al que solo le interesa el sueldo a fin de mes. Cuando estamos más preocupados por lograr el resultado que por hacer las cosas bien para alcanzar el objetivo, el resultado pocas veces llega y la presión que generamos es tal que, aun lográndolo, creemos íntimamente que no valió la pena tanto esfuerzo. Por eso hago hincapié en este principio fundamental: su gran desafío va a estar en perfeccionar su *swing*, no en obsesionarse por lograr el resultado. Perfeccione los talentos de su gente y le aseguro que el resultado va a llegar sin lugar a dudas.

"Más fácil decirlo que hacerlo", dirán muchos ante esta propuesta. El hecho de vivir el presente enfocándose en hacer lo que hay que hacer ahora (en el momento necesario) es desafiante aunque realizable. Pero para aliviar el desafío causado por la ansiedad, paradójicamente, debe relajarse (Principio 2). Dicho sea de paso, ¿ya definió su propósito? Postergar ese ejercicio implica vivir una vida laboral sin sentido, y esto irremediablemente hunde o, en el mejor de los casos, frena a los que creen erróneamente que es suficiente con tener objetivos y estrategias, sin un "para qué" se hace lo que se hace. El mensaje en este preciso instante es no enfocarse en el resultado, sino en hacer el mejor *swing*, lo cual, en este caso, se refiere a ir un paso a la vez; por eso le reitero insistentemente que se dedique a su propósito.

Principio 4. No le saque la vista a la pelota hasta que termine el *swing*

En el golf, una de las premisas más importantes tiene que ver con lo que usted hace "mientras hace". Esto quiere decir que cuando usted está por golpear la pelota, su visión debe estar concentrada solamente en la pelota, hasta que ella no esté más allí. Solo entonces usted puede mirar hacia dónde fue el golpe; ni un segundo antes de que la pelota salga, usted debe caer en la trampa de ver su recorrido. Debe transformarse en un obsesivo de esta disciplina, debe clavar los ojos en el suelo hasta que la pelota no esté allí. Lamentablemente, la ansiedad nos domina, y queremos pegar y mirar al mismo tiempo. De hecho, los profesores de golf hacen hincapié en este principio, constantemente nos están diciendo: "no le saques la vista a la pelota". En el golf, como en la vida, todo tiene un tiempo, un ritmo y una razón. Si usted saca la vista de la pelota, inconscientemente estará moviendo su cabeza; si esto sucede, habrá perdido su centro, y en ese caso, el palo no impactará como usted planificó que impactara mientras realizaba el *swing* de práctica. Por eso, procure que no le gane la ansiedad, y realice cada movimiento en el tiempo que le corresponde.

¿Cómo traducimos esto al lenguaje del liderazgo? Simplemente sabiendo que hay un momento para cada acción y que todo buen desempeño lleva consigo la variable "tiempo". Si usted confunde las acciones, o acelera los tiempos, el resultado no será óptimo ni las consecuencias serán favorables. En la empresa tenemos que fijarnos tiempos y momentos para planear la estrategia, posicionar objetivos, conversar con nuestra gente, corregir, estimular, motivar, ayudar, etc., pero cada cosa tiene un tiempo y un lugar particulares dentro de nuestra agenda.

Querer invertir las acciones para lograr más rápido el resultado hace que se pierda de vista lo esencial y necesario para lograr cumplir con los objetivos planteados: la armonía. A lo largo de los años he visto jefes que quieren apurar los tiempos y crean una sesión correctiva antes de aclarar las reglas establecidas, jefes que intentan motivar a sus colaboradores antes de establecer los objetivos a alcanzar. Dentro de la secuencia del golpe de golf, tiene que mirar el objetivo, marcar los lugares estratégicos que debe alcanzar, hacer un *swing* de práctica, pararse frente a la pelota, pegar y confiar en que se dirigirá adonde usted quiso; luego, si quiere, mire hacia dónde le pegó.

En la secuencia del liderazgo sería planificar, dirigir, motivar, corregir, ayudar, desarrollar, evaluar y cambiar el plan de acción si no funciona; en ese orden, si usted quisiera dirigir sin planificar, estaría sacándole la vista a la pelota; si usted quisiera desarrollar sin ayudar, estaría sacándole la vista a la pelota; si usted quisiera cambiar sin haber hecho la evaluación correspondiente, estaría sacándole la vista a la pelota nuevamente; y créame cuando le digo que en el golf si usted le saca la vista a la pelota, no hay manera de que realice un buen tiro; es más, hasta es posible que lo erre, y que la pelota, impávida, quede en el mismo lugar. Por eso, por sobre todos los principios aquí enumerados, este debería ser el prioritario, y de allí podemos desprender los demás. También en la empresa, organice su labor teniendo claves de desempeño, *tips* para cubrir, acciones para realizar, con orden, de manera disciplinada y sin ansiedad.

Reflexionemos: ¿cómo saben los líderes qué es lo importante para el futuro de su organización? ¿Cómo hacen para elegir rumbos nuevos? Obtienen e interpretan información, pero, en esta interpretación, hay aspectos a los cuales les dan prioridad. El primero es que los líderes viven el momento. Prestan atención al momento presente, no se distraen (no le sacan la vista a la pelota), pues saben que de ese poder de concentración va a surgir espontáneamente la chispa de la creatividad. El segundo es una suerte de continuidad del primero, y es que, en función del análisis de la información, van a generar una visión y luego mantendrán su convicción y foco hasta su logro. Ya quedó establecido que sacarle la vista a la pelota en el golf equivaldría a perder ese enfoque por otros factores de distracción. La viuda del afamado equilibrista Karl Wallenda dijo que él cayó a su muerte en 1978 porque perdió de vista su enfoque positivo y, en cambio, pensó durante tres días consecutivos en no caer de la cuerda floja… Se distrajo. Tal vez este sea un ejemplo un tanto dramático, pero transmite con claridad la importancia de prestar atención y no distraerse.

La condición sin la cual el liderazgo es inexistente consiste en la comunicación. Uno de sus principales componentes es la escucha (una de las capacidades más importantes que un líder debería desarrollar). Ahora bien, ¿alguna vez sintió que su interlocutor no escuchaba lo que usted decía? ¿Cómo se sintió? ¿Qué impresión le causó la otra persona? Posiblemente haya experimentado una sensación de frustrante desvalorización. Escuchar pasivamente (oír pero no escuchar, o elaborar una respuesta mientras se está escuchando) muestra falta de interés; es como si su interlocutor no hubiera estado presente. Es decir, estaba en otra cosa. Por otro lado, escuchar de manera activa implica estar presente, prestar atención, y requiere un esfuerzo muy disciplinado. Se trata de brindar toda su atención en forma exclusiva, al punto tal que elimina su ruido interior, y eso necesariamente lleva a que usted trate de ver o sentir las cosas como las ve o las siente quien le está hablando. Existe un cuento que me pareció muy acertado para expresar lo que estoy diciendo.

> *En una conferencia vi cómo uno de los asistentes se le acercó a un ya famoso conferencista y le dijo:*
> *—Sé que usted es un reconocido conferencista por sus logros... Dígame cuál es su secreto; dígame algo que hace que lo lleve a serlo.*
> *El conferencista le respondió:*
> *—Como cuando como, duermo cuando duermo, y hablo contigo cuando hablo contigo.*
> *—Pero "eso" también lo puedo hacer yo, y no por eso seré exitoso —le contestó el joven.*
> *—Yo no lo veo así —le replicó el empresario—, pues cuando duermes estás pensando en los problemas que tuviste durante el día o podrás tener cuando te levantes, cuando comes estás pensando en lo que vas a hacer luego, y cuando hablas conmigo estás pensando en qué preguntarme o responderme antes de que yo termine. El secreto es estar consciente de lo que hacemos en el momento presente y así disfrutar cada minuto del milagro de la vida.*

Por eso le pido que recuerde esta frase, y que la atesore como el bien más importante de un líder:

Si en realidad quiere ser plenamente consciente de sus momentos, mire lo que está mirando, escuche lo que está escuchando, toque lo que está tocando y sienta lo que está sintiendo.

Esto demanda un gran esfuerzo de concentración –*no sacarle la vista a la pelota hasta terminar con el* swing– para que la otra persona perciba que usted la escucha física, mental y emocionalmente. Una vez logrado esto, se puede decir que estuvo escuchando para entender, para comprender, y no solo para responder. Además, su interlocutor va a sentir su empatía, que muestra que usted lo valora, y, como consecuencia, va a sentirse realmente apreciado.

Principio 5. Si elige bien el palo, logrará su objetivo

El reglamento del juego del golf le permite llevar consigo en la bolsa hasta 14 palos. Cada uno está diseñado específicamente para lograr cierto resultado. Se van diferenciando en longitud y ángulo de cara para lograr tiros altos y cortos, o bajos o largos; de allí que decimos que cada palo cumple una "función específica y particular". Lo interesante de esto es que existen empresas y personas dedicadas exclusivamente a darle a cada palo la función que le corresponde, y que trabajan para mejorar los "talentos" de cada uno. Contamos hoy con *drivers* que pegan cada vez más lejos o *wedges* que tienen mayor precisión. Esto nos permite a los jugadores "del montón" lograr mejoras más notorias como, por ejemplo, *scores* más bajos, tiros más largos, o *approches* cada vez más cercanos al hoyo. Ahora bien, vale una aclaración: cuando empecé a jugar golf, solo usaba el hierro 7, porque, no importaba cuál eligiese, siempre pegaba a la misma distancia. Como no sabía el mecanismo del *swing*, todos los tiros eran iguales. De hecho, cuando empecé a jugar más seguido, pegaba la misma distancia con un hierro 7 que con un hierro 3. Hoy puedo decir que, en ese entonces, estaba "limitado" en cuanto a mis colaboradores (los palos) y no tenía posibilidades de elección, y que cada uno de ellos cumplía la misma tarea, por lo tanto no sacaba ventajas de sus talentos; es más, podría decir que los desconocía. Pero una vez ampliado mi conocimiento con respecto al juego, pude ver que cada uno cumplía con una función muy particular y empecé a jugar distinto: aproveché cada uno de sus talentos, los fui conociendo, supe qué presión le debía dar a cada uno, y qué *swing* hacer con cada colaborador; entendí que con el *wedge* podía lograr 30 yardas con medio *swing* o 100 yardas con un *swing* completo, y que todo dependía de la sensibilidad con la que lo tratase. Aprendí, tarde desde mi punto de vista, cómo sacarle el mayor provecho a cada palo de la bolsa.

¡Qué momento importante en mi carrera cuando descubrí que los palos estaban a mi disposición y que, por su intermedio, estaba logrando mejorar mi *score* y estaba empezando a disfrutar del juego! Descubrí que por medio de ellos yo también crecía en talentos, creaba mejores estrategias de juego y podía pensar solamente en cómo atacar el hoyo, sabiendo que el resto del juego estaba en manos de mis colaboradores, que incondicionalmente me acercaban al objetivo sin importar si yo caía en el *fairway*, en el *rought*, en un *bunker*. Siempre tendría el compromiso de cada uno de ellos para darme su mejor golpe y ayudarme a crecer en mi juego con su mejor talento, ese talento para el que fueron diseñados.

Llevando esto al plano del liderazgo, parecerá obvio lo que voy a decir, pero en su equipo de dirigidos existen talentos y habilidades propias de cada uno de sus colaboradores. En cada equipo encontraremos los detallistas, los creativos, los incondicionales, los multifunción, los divertidos, los cautelosos, los mediadores, los pseudolíderes, etc., cada uno con un talento particular, que fueron elegidos con sumo cuidado por su departamento de selección, que fueron observados, cuestionados, chequeados durante un tiempo hasta decidir que esa era la persona que usted necesitaba. Entonces le pregunto: con la mano en el corazón, ¿sabe qué talento tiene cada uno?, ¿los conoce?, ¿se toma tiempo para conversar con cada uno para saber cuál es su *expertise*? Y una vez conocidos, ¿los pone en funciones donde puedan desplegar sus habilidades?, ¿o no tiene idea de su potencial? Para lograr concretar objetivos desafiantes, hace falta más que sacrificio. Necesitamos pensar en cómo mover las piezas clave para que cada uno dé lo mejor de sí.

Cada miembro del engranaje cuenta con talentos que lo hacen único. Nuestro deber como líderes de este equipo es poner a jugar a nuestros colaboradores en el puesto en el que mejor desempeño tengan. Al mismo tiempo, resulta imprescindible que cada posición esté ocupada por el mejor jugador, y así tener todos los flancos cubiertos. Los equipos de alto rendimiento se conforman de esta manera, sin desperdicio de energía, concentrados en encontrar el mecanismo perfecto. Cuando utilizamos un hierro 7 para cubrir 230 yardas, estamos forzando el golpe, poniendo mayor dureza y fuerza, y desperdiciando energía. Cada uno de sus colaboradores tiene un don, y es imprescindible que el líder encuentre ese don y lo ponga al servicio de todos. Nuestra labor como líderes va más allá de lograr alcanzar los objetivos; debemos ser conscientes de que nuestro desafío es buscar la mayor armonía posible en el equipo, hacer que cada uno se sienta cómodo y entusiasmado por realizar su aporte en pos del bien de todos, hacer que la tarea de los colaboradores resulte agradable, entretenida, amena y estimulante, incluso cuando tengamos colaboradores que no estén conformes con la tarea asignada. Existe una regla fundamental para dirigir un equipo y debe ser aplicada sin excepción. Cuando el líder detecta un talento particular para una función específica, es su deber ponerlo a realizar esa tarea, aunque al colaborador no le guste lo que va a hacer.

Muchas veces el temor a lo nuevo hace que el colaborador no se sienta confiado ante una tarea que no ha realizado nunca o, tal vez, la costumbre de haber hecho siempre lo mismo lo paralice ante la nueva responsabilidad, pero es importante que usted como líder tenga la fortaleza, la constancia y la convicción para lograr, a partir del convencimiento, que su colaborador "juegue" en el puesto en el que mejor se desempeña; de lo contrario usted estaría atentando contra su crecimiento.

Así como una imagen vale más que mil palabras, una simple reflexión también puede ser relevante. ¿Qué hace que alguien sienta que lo que hizo es significativo? En su caso, ¿qué es lo que provoca que usted se sienta así? ¿Su trabajo le resulta interesante, desafiante y conduce a su crecimiento personal además de profesional? ¿Qué tipo de relación tiene con sus superiores?; ¿es buena y estimulante? Bueno, al menos es de esperar que así sea. ¿Y qué clase de relación tiene con sus colaboradores? De estas reflexiones surgen dos lecturas. La primera tiene que ver con el hecho de que las personas talentosas y habilidosas se dejan retener por sus empleadores porque sus actividades, al igual que sus relaciones laborales, les agradan. (Sí, en la mayoría de los casos eso pesa más que el dinero que ganan y los otros beneficios percibidos.) La segunda lectura se relaciona con usted como líder, en tanto y en cuanto identificó las habilidades de una persona, delegó una función y responsabilidad con cierto poder de toma de decisiones en ella. ¿Cómo se siente esa persona en su función y respecto de sus responsabilidades? ¿Cómo se siente con respecto a la relación que mantiene con usted?

Los líderes tienen la característica de entregarles cierto nivel de autoridad a las personas confiables. Lo hacen porque conducen o acompañan a la gente en vez de empujarla, y porque conocen a su gente y sus capacidades. Saben que muchas veces tienen más recursos y energía de los que tal vez nunca hayan usado y que, deseosamente, van a dar todo de sí para perseguir la visión de su líder. Por su parte, ellos hacen eso porque se sienten parte de algo, porque antes ese líder se dedicó a conocerlos, a comprenderlos y a prepararlos para algo más grande. Lo mejor de todo esto es que las personas disfrutan lo que hacen porque disponen de los talentos y habilidades necesarios para llevarlo a cabo, algo que el líder averiguó antes. ¿Qué grado de conocimiento tiene usted de su gente? ¿Sabe realmente para qué está mejor preparada?

Principio 6. No es usted el que golpea, es el palo

Otro gran problema que nos plantea el golf es la convicción de que nosotros somos los que generamos la potencia y el golpe. La realidad cruda y frontal es que el que produce el resultado es el palo, no nosotros. Nosotros solo le damos dirección y aplicamos el *swing*, el resto lo hace el palo, que verdaderamente está diseñado para eso. Los aficionados le aplican fuerza al golpe, y no dejan que este actúe con libertad y naturalidad (le aclaro que yo me incluyo en ese pelotón). Vea, a lo largo de los tiempos, las personas han ido perfeccionado los palos de golf para que rindan al máximo, especialistas en esta materia han ido trabajando, investigando, diseñando y creando mejores palos con diferentes *lofts*, distancias y alcance, con varas que han ido desde las maderas al grafito, desde palos pesados hasta plumas para levantar con un dedo, varas flexibles, o duras para los pegadores largos; perfeccionaron los *grips* para que sea más cómodo pegar, incluso creando *drivers anti slice* para los malos como yo. Todo esto con horas y horas de investigación y desarrollo. Sin embargo, los aficionados seguimos convencidos de que independientemente del palo, somos nosotros los que le ponemos el alcance. Pegamos más duro, con más fuerza, queriendo accionar sobre el palo, impidiendo que este dé su mejor golpe. Desconfiamos de que el palo pueda lograr lo que tiene que lograr y presionamos sobre él para que haga lo que nosotros necesitamos que haga. Como resultado, los tiros son cada vez más desastrosos, cortos, sin dirección correcta; en una palabra, frustrantes. Obviamente, luego vamos a ver al especialista y le decimos que esos palos son malos, que nos recomiende otros que sean mejores. ¿Sabe cuál es el resultado? El mismo, ya que el responsable de que esas cosas sucedan no es el palo, sino quien lo conduce. Veamos esto desde la óptica del liderazgo.

Usted tiene en su empresa personas dedicadas a medir el potencial de su gente, individuos preparados que dedican horas a evaluar candidatos para las diferentes funciones que su compañía necesita, especialistas dedicados *full time* a estos menesteres, y sin embargo, sus colaboradores no rinden lo que usted espera. En consecuencia, recurre nuevamente a esos especialistas y les pide otro colaborador diferente, y el resultado es el mismo: ese nuevo empleado no rinde lo que usted espera. Por eso le pido que analicemos esta situación.

El primer punto para que un colaborador rinda es tener confianza en que rendirá, y esto significa dejarlo hacer lo que sabe hacer, permitirle que haga aquello para lo que está preparado, es decir, dejarlo trabajar en paz. No caiga en la tentación de querer hacer las cosas por él, ya que "nadie lo hace mejor que yo", o "si no estás presionando, la gente no cumple con lo que tiene que hacer". Eso es lo mismo que querer darle fuerza al palo para que pegue más lejos. En su empresa, usted como líder no es el operativo, es el estratega, el director, el pensador, y sus colaboradores son la fuerza operativa. Asimismo, en el golf usted no es la fuerza operativa, usted es el estratega, el pensante, el que marca el rumbo, y sus palos son sus colaboradores operativos. El reglamento del golf permite que usted lleve en su bolsa 14 palos, todo un arsenal operativo para que pueda pegar tiros de diferentes longitudes y alturas. Tiene generalistas como el *driver*, los híbridos o las maderas; tiene especialistas como los *wedges* o el *putter*, y cada uno está diseñado para lograr un resultado. Confíe en ellos, déjelos actuar, y responderán de la manera que los diseñadores pensaron que deberían responder, ayudándolo a mejorar su juego. Haga lo mismo con su equipo de colaboradores en su empresa, déjelos actuar libremente sabiendo que cada cual tiene un talento particular para cumplir una función determinada.

Delegue, utilice el tiempo de los demás para poder hacer usted lo que tiene que hacer: diseñar la estrategia, brindar motivación y crear un clima de armonía donde la gente se sienta a gusto, haciendo aquello para lo que fue contratada. Si confía en ellos, se sorprenderá de lo que pueden lograr, pero si desconfía y está permanentemente encima, intentando que hagan las cosas como usted quiere, solo desperdiciará aquellos talentos que cada uno tiene. Su mayor desafío es hacer mejor su *swing* sin fuerza, sin presión, sin estrés. Cuando usted hace el *back swing* le está diciendo a su palo qué es lo que espera de él, y cuando comienza a bajar el palo hacia la pelota, haciendo el *down swing*, el palo se arquea flexibilizándose para dar su mejor tiro, nada más; confíe en que cada uno hará lo mejor que sabe hacer. Recuerde que cuando lo nombraron jefe, gerente, encargado, supervisor o *team leader* y le cambiaron la función, dejó de ser operativo, y que, aunque le guste serlo, ahora usted es directivo, y la fuerza operativa está en su gente.

Los líderes buscan rodearse de colaboradores expertos, experimentados y deseosos de hacer lo que tienen que hacer. Por lo general, este tipo de persona es y se siente automotivada y, en general, no necesita que su líder la esté controlando en todo momento. No obstante, muchos olvidan que sus colaboradores tienen el deseo íntimo de cumplir con sus funciones responsablemente y caen en la práctica de controlarlos, igual que cuando se desconfía de que el palo de golf apropiado pueda lograr lo que tiene que lograr, y entonces se lo presiona para conseguir lo que se necesita. Curiosamente, un sinnúmero de personas de diferentes niveles jerárquicos, que supervisan a otros, están convencidas de que la forma de llevar adelante a sus subordinados (nótese que aquí no se habla de "colaboradores") es mediante el control y la presión. Sin embargo, está comprobado que esos *subordinados*, por más capaces que sean, no sienten pasión por su trabajo ni se consideran liderados; todo lo contrario, se sienten sometidos, y su rendimiento es acorde a ese sometimiento. Es importante entender y aceptar el hecho de que, cuando la gente es capaz y se le delega con propiedad, va a generar los resultados esperados sin necesidad de que sea presionada. El seguimiento, en el buen sentido, siempre será necesario, pero el control obsesivo al mejor estilo tayloriano es definitivamente contraproducente.

Por otro lado, es probable que no todos los golfistas dispongan de una bolsa completa de palos –o que usted no tenga todos los colaboradores que necesite–. Lo común en este caso es que el golfista deba adaptar en algo su *swing* con el palo que piense sea el más adecuado; tal vez usted deba apelar a la flexibilidad e improvisar con los colaboradores que sí tiene disponibles. Este tipo de situación puede generar resultados no del todo deseados, pero puede ser una excelente oportunidad para enseñar algo nuevo a sus colaboradores involucrados. Asimismo, y aun con un juego completo de palos en la bolsa, si usted ha elegido al incorrecto, el tiro puede salir desviado, pero la responsabilidad sigue siendo suya, igual que si usted delegara en una persona equivocada. Así y todo, hay algo que el líder puede hacer y el golfista no: motivar a los colaboradores. A diferencia de los palos de golf, herramientas inertes, sus colaboradores pueden ser estimulados racional y emocionalmente para generar resultados superiores a los que ellos creen que son capaces de producir. Esta motivación va a ser más fácilmente aceptada por colaboradores suyos con actitud proactiva. (Encontrará más sobre motivación en el capítulo siguiente.) Si bien las actitudes son propias de cada ser, el líder puede ejercer una influencia positiva (o negativa) en sus colaboradores.

Por último, pero no por eso menos importante: el buen líder tiene fe en su gente así como el buen golfista descansa en sus palos. Las personas responden del mismo modo en que se las trata: si se les habla bien, ellas contestan bien; si se las respeta, ellas devuelven respeto, y si se las hace partícipes, responden participando. Este axioma se cumple también a la inversa. Ahora piense cómo se sentirá tratada su gente.

Principio 7. Usted está solo, sus decisiones afectan su juego

El golf es un juego solitario. Usted está jugando contra la cancha, contra el clima y contra sus propias limitaciones. En el golf, nadie le dice qué tiene que hacer; de hecho, reglamentariamente, en algunos formatos de torneo, esto está penalizado. Es más, si yo estoy jugando un torneo y mi compañero de línea me da información o me dice con qué palo debo pegar o me aclara algo del reglamento, la penalización, aunque usted no lo crea, es para mi compañero, no para mí. De manera que cuando alguien me ofrece su ayuda, si yo la acepto estoy haciéndole un mal. Allí usted es su verdadero líder, elige el palo, la estrategia de juego, el camino a seguir, y no hay nadie que lo pueda hacer por usted. Por eso soy implacable al decir que "usted está solo, sus decisiones afectan su juego". Greg Norman*, el gran Tiburón Blanco, decía en una entrevista que *el golf le dio disciplina, método, constancia y tenacidad, y lo hizo crecer en responsabilidad, ya que no había nadie que le dijera que tenía que entrenar, nadie que le dijera que se tenía que preparar, estaba solo, luchando contra su propia personalidad*, y por supuesto tuvo que esforzarse para lograr vencer su propias limitaciones. Déjeme explicarlo mejor: el buen jugador de golf sabe que para mejorar su juego debe entrenarse, practicar y acudir a los especialistas del entrenamiento, ir a ver a entrenadores, maestros, profesores, instructores, *coaches*. También sabe que cuando sale a jugar, lo acompañará un *caddie*, un asistente que le llevará la bolsa de palos, le limpiará la pelota y los palos, y cuando esté observando y analizando el próximo golpe, le dará información. Pero, sin

---

* Greg Norman es la cabeza de Great White Shark Enterprises (GWSE), una corporación multinacional cuyos intereses se centran principalmente en torno al golf y el estilo de vida relacionado con este deporte.

embargo, sabe que la decisión de ir o no a entrenar es solo suya, y que la elección del camino y el palo correcto también lo es. Sabe que cuando se para frente a la pelota, no hay *caddie* ni profesor que tenga injerencia en la acción; la acción será exclusivamente suya. Si bien podemos decir que el golf es un juego donde intervienen muchas personas ayudando (entrenador de juego, preparador físico, psicólogo deportivo, *caddie*), debemos decir que es un deporte individual y la forma de crecer es siendo consciente de esto. A la hora de la verdad, el golfista está solo, debe hacerse cargo de esa soledad y no puede culpar a nadie de su vuelta; tampoco puede adjudicarle a otros la responsabilidad de su juego, ni de su desempeño, ni de su *score*.

En este sentido, no está de más hacer un comentario breve en alusión al dicho "el saber no ocupa lugar". Una virtud de los líderes es que jamás dejan de aprender. En parte, su creatividad se debe a que siguen estudiando de manera constante. Tal vez no aprovechen lo recientemente aprendido por un gran lapso de tiempo, pero son como esponjas insaciables. Su nivel de curiosidad y su afán de crecimiento no tienen fin, porque saben que el saber aprendido puede ayudarlos a cambiar.

Lo siguiente es aplicable a todos y no solo a los líderes. Una de las mayores críticas a los seminarios y eventos de motivación es su objetivo: motivar. Los oradores de esas actividades se ocupan de levantar a la gente con retórica enérgica y entretenimiento, y luego esas personas vuelven a lo cotidiano decididas a hacer algo positivamente diferente en sus vidas. Esa decisión y esas ganas de cambiar se disipan, en la mayoría de los casos, en muy poco tiempo, o ante el primer encuentro con la mínima muestra de adversidad. La repetición de algo en la práctica es lo que permite desarrollar destrezas y habilidades. Si bien Aristóteles no jugó al golf, o al menos eso se dice de él, sí hizo clara mención de la consistencia y el persistente esfuerzo relacionados, en este caso, con la práctica para querer aprender y crecer. Él dijo: "Somos lo que hacemos repetidamente. Entonces la excelencia no es un acto, sino un hábito". O sea que la continuidad en su crecimiento como líder es importante para que las decisiones que tome afecten su juego favorablemente.

Ahora créame si le digo que usted como líder también está solo. La posición del líder es solitaria: cuando llega la noche y el líder se encuentra en su despacho, oficina, auto, fábrica, están sólo él y su alma, y no puede echarle culpas a otros por sus decisiones; de hecho, las decisiones del líder se toman en soledad. Usted puede escuchar las sugerencias de su equipo (es más, creo que debería escucharlas), pero a la hora de tomar la decisión, es usted el único responsable de tomarla. Por otro lado, como líder, las acciones que desarrolle durante el día son su responsabilidad también. Realizar una reunión con su gente, conocer a sus clientes, crear una jornada de entrenamiento, hacer sesiones de *coaching*, planificar la estrategia, generar los momentos, posicionar los objetivos, son todas acciones propias del líder. No hay, o no debería haber, nadie que le diga qué hacer. Todo está en su círculo de influencia, todo depende de usted. Es una constante, día tras día el líder batalla incansablemente contra su propia mente, sus temores, sus limitaciones. La del líder es una posición de responsabilidad personal. De este modo, al líder, al igual que al golfista, no le tienen que decir que debe perfeccionar su juego, sino que está en él tomar las riendas de su liderazgo y generar las acciones que le permitan alcanzar los objetivos. Yo, como líder de un equipo, no puedo esperar –ni pretender– que el gerente general de la compañía me venga a decir qué hacer, ni que alguien externo me diga qué acciones realizar; de lo contrario estaría siendo un jugador aficionado, y no un profesional del golf. Es importante comprender que cuando uno accede a un puesto de liderazgo, comienza a transitar por el camino de la autorresponsabilidad, se convierte en el mentor de su propio futuro y del de su gente, se empieza a hacer cargo de los problemas y los resuelve sin aguardar que le digan qué tiene que hacer, por dónde debe empezar, ni qué camino debe tomar; esas son sus responsabilidades. Cuando Gabriel Allen, un gran amigo y mejor golfista, se hizo cargo de la dirección general de una gran compañía de transporte de caudales, se preguntó cuál debía ser su primera acción en la empresa y llegó a la conclusión de que tenía que conocer la operatoria antes de comenzar a planear acciones. Y así lo hizo, pidió un uniforme de guardia, y salió a recorrer objetivos sentado en la caja de un camión (dicho sea de paso, mide casi dos metros, así que hubo que hacerle el uniforme a medida). Nadie le dijo qué era lo que tenía que hacer, pero él sabía que era la única forma de conocer el negocio. De igual modo, a Greg Norman nadie le dijo que tenía que autodisciplinarse y entrenar todos los días. Así que, por más que le pese, tenga presente este principio fundamental del golf: *usted es dueño de sus acciones y responsable de su destino.* Yo sé que muchas veces durante mi juego querría que alguien me asesorara, que me orientara, que me dirigiera, pero también sé que cuando yo tomo con responsabilidad una decisión y ejecuto un tiro soñado, mi motivación crece porque pude elegir correctamente el palo y logré poner la pelota en el lugar elegido. Y eso, le aseguro, genera un entusiasmo maravilloso. De la misma manera, cuando usted toma una decisión o elige un curso de acción y consigue cumplir los objetivos en su equipo, la satisfacción por el acierto y el logro es inconmensurable. Por eso le pido que crezca en su soledad, se fortalezca en su creatividad, se comprometa con su integridad, se responsabilice por su labor y, por último, le pido que haya coherencia entre sus palabras y acciones, porque son suyas, solo suyas y de nadie más.

Principio 8. Usted no es Tiger Woods, no quiera jugar como él

Cada uno de nosotros desearíamos jugar golf como Tiger Woods. De hecho, cuando lo vemos jugar, sentimos que es fácil lograr lo que él logra, vemos los tiros que hace y su juego nos parece sencillo. De la misma manera, en otros aspectos de la vida, todos tenemos un modelo para seguir. Miramos a los exitosos, a los ganadores, a los que son ejemplo, e intentamos acercarnos a ellos. Yo quiero tener la flexibilidad, la fortaleza mental, la disciplina, la tenacidad, el coraje, la valentía, la destreza, la lectura del juego, la planificación de la estrategia, la convicción, el empuje, la soltura, la habilidad, la concentración, en fin, el espíritu de Tiger, pero ¿sabe una cosa?, debería nacer de nuevo. Hace tiempo que me convencí de que eso era imposible. Tomé conciencia de que difícilmente yo podría jugar como Tiger, pero también aprendí que podía copiar algunas de sus actitudes, y que, cuantas más actitudes pudiese imitar, mejor jugador iba a ser. Puedo llevar esto al plano del liderazgo de una manera sencilla: cada uno de nosotros, consciente o inconscientemente, tiene un modelo para seguir, sea este nuestro padre, un entrenador, algún jefe que hayamos tenido o, simplemente, algún líder de la historia. Ahora bien, yo me pregunto, ¿puedo ser como Gandhi?, ¿como Martin Luther King?, ¿como la Madre Teresa?, ¿y como Juan Pablo II, Kennedy, Mandela, el "Che" Guevara, Jesucristo, o cualquier otro que se le ocurra? La respuesta es no. No puedo ser como ellos, pero sí puedo adueñarme de sus actitudes para ser mejor líder. Puedo tomar la tenacidad de Gandhi, el compromiso de Luther King, la compasión de la Madre Teresa, el amor de Juan Pablo II, la visión de Kennedy, la abnegación de Mandela, la entrega del "Che", o la pasión de Nuestro Señor Jesucristo. Puedo acercarme a ellos copiando algunas de sus actitudes, pero, en lo más profundo, yo soy como soy, y nada más.

En el golf yo tengo mis propias características, un *swing* personal, un golpe especial, una rotación única, un *finish* particular y una forma de levantar el palo que me es propia. Puedo, por ejemplo, copiar la rutina que Tiger hace cada vez que va a pegar, parándome detrás de la pelota, mirando el objetivo durante cinco segundos, mirando nuevamente la pelota mientras muevo el palo copiando el *swing*, y luego de esto puedo hacer un *swing* de práctica lejos de la pelota, acomodarme la manga izquierda de la remera, levantando el hombro, y pegar; pero, el tiro será el mío, no el de Tiger. De la misma manera, puedo tener la pasión de Martin Luther King al hablar, pero el discurso será el mío. Lo importante de esto, a mi entender, es que usted nació con unos talentos únicos, suyos, propios, tiene ciertas particularidades que lo hacen especial. Usted es usted, con características que lo hacen único. Su gran tarea y desafío es saber qué talentos tiene y ponerlos en funcionamiento para dar lo más destacable de sí mismo. Trabaje en el análisis de sus talentos y haga lo que mejor sabe hacer. Lo valorarán por eso, ya que nuestra gente no está esperando de nosotros que seamos como Tiger, sino que pretende que seamos como somos, que demos el máximo de nuestro potencial y que seamos sinceros. Ellos no nos valorarán en tanto y en cuanto seamos perfectos, sino por ser lo mejor que podemos ser. Por eso le pregunto: ¿sabe cuáles son sus mejores talentos?, ¿cuál es su potencial? ¿Sabe qué actitudes lo hacen único? ¿Qué es lo mejor que le puede dar a su gente? ¿Conoce sus limitaciones? ¿Es usted consciente de que en la Tierra solo hay uno como usted? Piénselo, analícelo, dele vueltas en su cabeza y luego concéntrese: ¿cuál es mi mejor tiro?, ¿qué es lo máximo que puedo dar?, ¿cómo puedo poner mis talentos al servicio de los demás?, ¿de qué manera puedo potenciar mis acciones y rendir todo lo que puedo rendir?

Recuerde, *usted no es Tiger Woods, es usted, y con eso alcanza para lograr lo que necesita lograr.*

Si pudiésemos tomar conciencia de nuestros talentos y entender que tenemos algo único para darles a los demás, liderar sería una acción sencilla de realizar.

A lo largo del tiempo hemos podido comprobar que nuestra gente no demanda de nosotros perfección, solamente nos pide que seamos nosotros mismos, que nos saquemos las máscaras que nos protegen y nos mostremos como realmente somos. Gracias a Dios, no somos perfectos, y por cada virtud tenemos también una debilidad. La gente conoce nuestras flaquezas, las ve, las siente, las percibe. No está mal tenerlas; son parte de la vida y lo importante es que nuestros colaboradores vean que, pese a ellas, avanzamos e intentamos superarnos. Al ver esto, ellos también intentan superarse, y la ecuación da como resultado el crecimiento. Por otro lado, la manera de aminorar nuestras debilidades es potenciando nuestras fortalezas, pero recuerde que "el pecado es la exacerbación de la virtud". Cuando potenciamos nuestra virtud, la degeneramos, de allí que es muy bueno ser ordenado y disciplinado pero, si nos pasamos de la raya, caemos en la obsesión. Por eso, sea como usted es; el resto déjelo en manos de la vida. Muéstrese en todo su esplendor, haga visible sus talentos y sea sincero. La gente respetará más su forma de ser si sabe que usted da todo lo que tiene y no intenta copiar acciones de otros. Le aseguro que sacará mejores réditos si se muestra tal cual es.

Desde luego, las preguntas también son válidas en relación con sus colaboradores, ellos tampoco son Tiger Woods. O sea, mantenga sus expectativas altas con respecto a usted y a sus colaboradores, pero recuerde que cada uno es como es y vale por lo que es. Y, como nadie es perfecto, esta realidad puede ser un llamado diario para usted y sus colaboradores a que se esfuercen en practicar con el fin de pulir y superar sus limitaciones y perfeccionar sus virtudes y habilidades.

Principio 9. El *swing* debe ser fácil, agradable, divertido

Los aficionados jugamos al golf para pasarla bien en un entorno de naturaleza y con amigos. Así debería ser siempre, y, pese a que también somos competitivos y queremos ganar, lo que nos mueve a ir temprano a un campo de golf es la camaradería, las relaciones, la amistad y la posibilidad de pasar un buen momento. Por supuesto que nos perfeccionamos, entrenamos, tomamos clases con profesores para poder mejorar nuestro juego, conscientes de que cuanto mejor juguemos, más vamos a disfrutar. Lo mismo les pasa a los profesionales; si bien ellos van a competir en torneos con el afán de ganar, su actitud está en el disfrute, en compartir buenos momentos, en relacionarse y disfrutar. Cada uno de nosotros sabe bien que la actividad del golf sin disfrute es un tormento. Seis horas caminando, cargando una bolsa o tirando de un carrito, sacando la pelota de entre los árboles, mandando pelotas al agua... Si encima la pasamos mal, ¿qué sentido tiene? Por eso, ya que todo en el golf se relaciona con el *swing*, decimos que el *swing* debe ser, en primera instancia, **fácil**; es decir, si tengo que golpear la pelota un promedio de sesenta veces (sin contar los *putts*), mi *swing* tiene que ser lo más fácil posible. De lo contrario, mi juego sería un suplicio. De hecho, si usted lo analiza, el *swing* siempre es igual, caso contrario deberíamos aprender para cada palo un *swing* particular. Que el *swing* sea fácil me permite incorporar el gesto técnico rápidamente y no tener que estar pensando qué es lo que tengo que hacer en cada golpe. Por otro lado, el *swing* debe ser **agradable**; es decir que yo tengo que disfrutar cada vez que pego y debo sentir que el *swing* que hice es armonioso, pausado, con ritmo, con tiempo y con placer. Y, por último, debe ser **divertido**: tengo que tener plena certeza de que cuando estoy jugando, la paso bien y que cada *swing* que genero me causa entusiasmo.

Imagine llegar a cada *tee* de salida sabiendo que tiene la obligación de pegar y que cada *swing* es un sufrimiento: ¿cuánto tiempo podría aguantar jugando?, ¿qué sentido tendría jugar? Por eso es que cuando el juego del golf se torna fácil, agradable y divertido, nos invita a seguir jugando, nos motiva a perfeccionarnos, a entrenarnos y a crecer. Si no es fácil, agradable y divertido, no nos genera ninguna motivación ni entusiasmo.

Pasemos ahora al tema que nos convoca, el liderazgo. En estos años como consultor, me he encontrado con personas que detestaban su posición de liderazgo, personas que no querían ser líderes, que se negaban a tener tal responsabilidad. Trabajando en sesiones de *coaching* posteriores, la mayoría llegó a la conclusión de que su negativa estaba fundamentada en estos tres ítems de los que hablamos cuando nos referimos al *swing*. En primer lugar, creían que liderar no era una tarea **fácil**, es más, creían que era demasiado difícil como para aceptarla; preferían seguir siendo colaboradores o seguidores, ya que en su cabeza y en su corazón liderar era algo excesivamente engorroso, con mucha responsabilidad y muy difícil de llevar a la práctica. Por otro lado, no estaban convencidos de que fuera algo **agradable**, sino que sentían que la función de líderes les iba a traer más problemas que soluciones y más fracasos que éxitos. En su creencia, existía la convicción de que, al convertirse en líderes, deberían pelearse permanentemente con sus colaboradores, con sus jefes, con sus pares, y esto no les generaba el más mínimo entusiasmo. Por último, ninguno estaba de acuerdo en que liderar podía ser algo **divertido**, ninguno creía que fuese posible disfrutar siendo líderes. Por el contrario, para la mayoría era una función cargada de presión, de estrés, de desaciertos y de disputas; la diversión no estaba en el diccionario del líder.

Si pensamos el liderazgo según ese punto de vista, no pueden más que tener razón. En el golf, esta postura sería semejante a ir a jugar en un día de mucho frío, con mucha lluvia, con gente a la que no conocemos y, para peor, que uno de los concurrentes fuese el novio de mi mujer antes de que yo la conociera; eso sí que sería desastroso.

Como el golf, nuestro liderazgo debe ser una actividad fácil, agradable y divertida. Cuando uno disfruta lo que hace, las cosas se tornan más fáciles, y al ser más fáciles, empiezan a ser agradables, y cuánto más agradables, más divertidas son. Piense en un ideal, piense en tener un equipo de colaboradores que comprendan a la perfección las tareas que tienen que realizar y se comprometan a lograr los objetivos. ¡Qué fácil sería liderar! Ahora piense en ese mismo equipo llegando cada mañana a su empresa veinte minutos antes para desayunar todos juntos y contar cuentos, anécdotas o, simplemente, para conocerse. ¡Qué agradable sería! Y qué le parece si ahora se imagina logrando los objetivos, y festejando esto con una comida, bailando y riendo. Nuevamente, ¡qué divertido podría ser!

Entonces, si convenimos en que nuestra labor podría ser diferente si la llevamos adelante de una manera sencilla, fácil, con alegría, disfrutando, generando un clima agradable y festejando los logros obtenidos, ¿qué espera para que se modifique? Que un juego de golf sea así depende de uno; que un equipo se comporte así, depende de uno. Empiece a crear la atmósfera para que esto pase y abandone la teoría tayloriana según la cual el capataz tenía que tener cara de perro; cambie la manera de llevar adelante las acciones, sea más alegre, más considerado, preocúpese por crear el ambiente, disfrute con lo que hace, viva de una manera distinta. Piense en la teoría de Einstein acerca del paso del tiempo. Él decía que la relatividad del tiempo la podíamos entender mirando las acciones. Pasa más rápido el tiempo si estamos haciendo actividades agradables que si estamos realizando acciones tediosas. No es lo mismo un minuto con la persona que amamos que uno con la mano en el fuego. En la empresa es igual, y en el golf también. Si usted está jugando bien, logrando pares y *birdies* en toda la vuelta, el tiempo pasará volando. Si en su trabajo el clima es agradable, la gente la pasa bien, todo funciona y estamos en armonía, se pueden lograr más y mejores objetivos y, por sobre todas las cosas, será más fácil corregir cualquier inconveniente o desacuerdo.

En función de lo expuesto hasta ahora, se puede concluir que, igual que en el golf, disfrutar de una actividad laboral es clave para que el tiempo invertido en la misma sea estimulante y atraiga a la gente. De hecho, a muchas personas que actualmente se ocupan de liderar les resulta placentero, agradable y divertido su trabajo. Lo curioso del caso es por qué puede no ser así para otros líderes ni tampoco para muchos empleados liderados. Comprender la etimología de la palabra "trabajo" puede ayudar: deriva de *tripalĭum* (tres palos) que en la Antigua Roma era una forma de tortura y, de ahí, el término se extendió en *tripaliāre* como un sinónimo de torturar. Según este punto de vista, la palabra "trabajo" genera la sensación de que el esfuerzo laboral representa un sometimiento con dolor y sufrimiento. Luego, en el arcaico castellano la palabra migró a *trebejare*, cuyo significado era "con esfuerzo", para pasar finalmente a *trabajar*, con el sentido de laborar. Por otro lado, en la Edad Media surge la servidumbre como escala intermedia entre la esclavitud y el trabajo libre, y el régimen del salario se instituye recién a fines de esa época, pero ni siquiera durante toda la Edad Moderna llegó a tener la misma importancia que el régimen corporativo. La historia sigue con la creación de la OIT y la intervención de organizaciones orientadas a crear un clima de justicia humanitaria en lo laboral; todo en el afán de ayudar a la gente a alcanzar el progreso y mejorar.

Pero, en honor a la verdad, también hay que aclarar que no todos están dispuestos a hacer el esfuerzo necesario para lograr lo que desean. De modo que puede haber mucha gente trabajando en actividades cuya realización no les resulte fácil ni agradable ni divertida. Lo que se puede casi afirmar es que esas personas no han comenzado, por el motivo que fuera, con el ejercicio de buscar e identificar su propósito para conducir sus vidas con una finalidad específica. Si ese es el caso de la gente que usted lidera, entonces tendrá que esforzarse más en conocerlos bien e intentar guiarlos hacia una vida con sentido. De lo contrario, ellos pueden, involuntariamente, hacerle la vida imposible a usted. Conozca a sus colaboradores, averigüe qué los motiva y genere con ellos ese ambiente agradable que todos desean para trabajar productiva y eficientemente.

Principio 10. Nuestro *swing* de práctica es mejor que nuestro *swing* real

Parece mentira, uno se para detrás de la pelota o al lado de ella, mueve un poco las manos para aflojarlas, y con el palo elegido hace un medio *swing* para probar la rotación de los hombros, baja un poco el centro de gravedad doblando las rodillas, se prepara para practicar, y hace el *full swing*. Impresionante, el palo se levanta para atrás con soltura, baja con potencia, impacta en el suelo, se eleva por delante de nuestra visión. Terminamos con el palo bien arriba, el cuerpo erguido, girado y estirado, "mirando" por completo hacia el objetivo marcado, como símbolo de la potencia que le imprimimos al golpe, y nuestro compañero nos dice: ¡*buen swing*!

A continuación repetimos la rutina: nos paramos frente a la pelota, acomodamos el palo detrás de ella para mostrarle dónde debe impactar el golpe, nos posicionamos, hacemos el *swing* y... la pelota va adonde ella quiere, producto de un *swing* sin ritmo, sin pausa, sin balance, sin potencia. Si el *swing* de práctica fue impecable, si hice todo a la perfección, mis movimientos fueron de libro, sentí tanta torsión, tanta plasticidad, tanta energía, tanta destreza al hacer el *swing* de práctica que el tiro debió haber salido impresionantemente bien, ¿por qué no sucedió así? Es la pregunta que nos hacemos todos. ¿Cómo es posible que una pelota tan diminuta nos condicione tanto? Parece la maldición de la circunferencia, nos sentimos amenazados por la pequeña esfera, nos condiciona, nos paraliza, nos maneja, nos hace sentir temerosos, dubitativos, nerviosos, vacilantes. Esa pelota que se interpone entre nuestro excelente *swing* y el golpe es la causante de todos nuestros dolores de cabeza. No quiero decir que esto le pasa a usted, solo le estoy mostrando mi humana experiencia, la frustración de saber lo que tengo que hacer y el resultado inesperado después de caer en la realidad.

Para mí sigue siendo un misterio qué poder le adjudico a la pelota, que tiene la habilidad para hacerme fracasar; qué dominio tiene sobre mí que condiciona tanto mi golpe. Yo le adjudico una condición de autoridad. Definitivamente, luego de un par de años de jugar golf y tomar clases, creo que tengo la suficiente confianza en mi juego como para no amedrentarme y, sin embargo, cada vez que llego a una cancha me posiciono ante una realidad diferente, me enfrento a la verdad, no hay tiros ni *swings* de práctica. Estoy frente a la culminación del objetivo, y una vez que pegué, se inicia el movimiento y es ese el golpe, ningún otro, solo ese golpe. Y ahí, por alguna razón desconocida, aparece nuevamente el temor. Entonces sobreviene la pregunta repetida: si el *swing* de práctica salió impecable, ¿por qué no pude volver a repetir el movimiento? ¿Qué hay dentro de mis creencias que me condiciona para no realizar el movimiento que sé que tengo que hacer? ¿Qué razones internas se movilizan para que falle? ¿Cómo tengo que hacer para repetir el tiro sin condicionarme?

Todos estos interrogantes surgen a continuación del tiro, una y otra vez me pregunto lo mismo, y, en la mayoría de los casos, no encuentro respuestas. Sin duda, ese condicionamiento tiene que ver con la responsabilidad, con la presión, con querer cumplir, con no fallar y con no sé cuántas otras cosas. Y aunque practique ininterrumpidamente, en muchas ocasiones aparece el fantasma sobrevolando sobre mí. Lo mismo puedo decir de las sesiones de entrenamiento: cuando llego al *driving* y empiezo a precalentar con el *wedge*, todos los tiros salen con altura y dirección. Cuando tomo el hierro 7, golpeo y la pelota llega a las 150 yardas y cuando pego con el *driver*, la pelota sale derecha, potente y llega a alcanzar entre 200 y 230 yardas de aire. Me siento el mejor del mundo, imbatible, seguro, sereno, confiado. No fallo nunca, siempre derecho, con potencia y con distancia. Pero ojo, esto pasa solo en el *driving*, porque cuando me paro en el *tee* del hoyo 1 para empezar a jugar, todo lo que conscientemente sé que tengo que realizar, se borra de mi mente, desaparece de mi ser y golpeo perfectamente mal. Creo que la diferencia está marcada, en gran medida, por el sentido de responsabilidad, por ese chip interno que nos condiciona. Tanto en el *driving* como en el *swing* de práctica no tenemos presión por el resultado; de hecho, solo estamos jugando a pegarle a la pelota, solo estamos practicando y esto en nuestra mente quita toda la presión del resultado, pero cuando estamos listos para ejecutar el tiro del juego, la presión por el resultado y la intención de no fallar condicionan todo nuestro movimiento.

Llevemos este concepto al liderazgo. Cada uno de nosotros, los que somos líderes, o alguna vez hemos tenido ese honor, sabemos exactamente qué tenemos que hacer para lograr que la gente se comprometa y accione en pos del resultado; sabemos en nuestro fuero más íntimo cuáles son las fórmulas para que todo se desenvuelva en armonía y con compromiso; sabemos cómo debemos proceder para cumplir con los objetivos. Es más, lo hemos hecho tantas veces que no parece difícil de conseguir. En nuestra soledad, estamos convencidos de tener todas las herramientas para llevar adelante una gestión de liderazgo con éxito. Sin embargo, a la hora de la verdad, no logramos hacerlo completamente, y los resultados no son los esperados.

Créame si le digo que no hace falta que usted asista a un seminario de liderazgo, ni que realice un curso, ni que se interne en un programa para mejorar sus dotes de liderazgo si hablamos desde la información. Usted ya conoce toda la información acerca de cómo llevar adelante un equipo, pero el problema no pasa por lo que sabe, sino por lo que hace. Nuestro gran desafío como consultores, al igual que el gran desafío para el profesor de golf, no está fundamentado en la información de cómo hacer las cosas, sino que está cimentado en hacer que los conceptos teóricos de cómo hacer lo que hay que hacer se lleven a la práctica. Le aseguro que si nos ponemos, mano a mano, usted y yo, y conversamos acerca de lo que significa el liderazgo, podremos estar todo un día dialogando y filosofando con gran tino y mucho éxito. También le aseguro que si le tomo un examen sobre el liderazgo se sacará una nota alta; quizá no alcance el diez, pero seguro que obtiene más de siete.

Entonces, si tenemos toda la información, todo el conocimiento, sabemos cuáles son las herramientas y estamos preparados, ¿por qué fallamos a la hora de llevar eso a la realidad? Por el mismo concepto que en el golf. Cuando comenzamos a trabajar en nuestra función de líderes, empezó el juego, ya no es un plan de acción sobre un papel, ahora es la interacción del hombre con su gente, del líder con sus colaboradores y cada paso que damos, cada recomendación que hacemos, debe acercarnos al objetivo. Ya pasó el tiempo de la planificación; es hora de la acción pura, es el momento de la verdad, y así como en el golf no puedo sacar la responsabilidad afuera, en el liderazgo tampoco: el buen y el mal *swing* dependen de mí, el buen y el mal golpe dependen de mí. No es la pelota, el palo, la cancha o el *tee*, soy yo el único responsable del resultado. En nuestro equipo de personas, no son ellas las responsables de mi accionar, de mis fallas, de mis dudas ni de mis fracasos, solo yo como líder soy el causante de todo lo que ocurre. Por eso, estoy convencido de que si mi colaborador no realizó la tarea de manera correcta, primero debo preguntarme si fui lo suficientemente claro, preciso, concreto y comprensible, debo mirar qué acciones, palabras o gestos he realizado para que mi colaborador entienda lo que le he querido decir. Mi colaborador es como el palo de golf: quien le da un buen movimiento o un mejor *swing* soy yo, luego no puedo criticar, despotricar o enojarme con él, ya que fui yo el que generó la acción. Quizá debamos analizar si la elección del palo fue la correcta, pero el resto de las acciones son mi responsabilidad. De manera que le solicito permiso para darle un consejo. Realizar un *swing* de práctica y uno real es similar, lo único que cambia es la presión de lograr el objetivo. Saber lo que tengo que hacer como líder y ponerlo en práctica también es igual, solo varía la presión de tener que alcanzar la meta, así que si ambos son semejantes, quítese la presión, haga lo que sabe hacer, y no piense. Solo dé su mejor *swing*.

También se produce otro fenómeno que igualmente depende de uno, pero cuyo origen puede considerarse más profundo y, tal vez, su efecto sea más preocupante. Se trata del "ego» personal. A pesar del nivel de profesionalización técnica de algunos, a veces su ego les juega la mala pasada de provocarles la necesidad íntima de querer impresionar a los demás. Esto tal vez sea más notable a simple vista en el golfista que no quiere hacer el ridículo ante sus compañeros en la cancha, pero en un líder/supervisor (nótese que ya se trata de "supervisar" más que liderar) la forma solapada de actuar del ego puede llegar al extremo de querer engañar a los otros. El factor detonante de esta actitud incide de forma nociva en los deseos de esta persona y en los resultados del equipo y hasta de la empresa. Lo paradójico del caso es que este ego y estas ganas de impresionar pueden, tal vez, permitir cierto grado de avance en el comienzo, pero con el tiempo lo van a frenar irremediablemente. Estas personas tienen que saber identificar esta actitud en sí mismas, y trabajar para corregirla si de veras aspiran a cumplir con sus ambiciones de crecimiento y a seguir subiendo por la escalera corporativa.

Principio 11. Es tan importante el tiro de salida como el último *putt*

Lo crea o no, un tiro de 300 yardas y un *putt* de 10 centímetros cuentan igual: un golpe. De allí que decimos que es tan importante un tiro largo como el último *putt*. Sin embargo, cuando llego al *driving*, veo 50 personas pegando largo desde las gateras de práctica y un par practicando en el *putting green*. No son muchos los que se preocupan por perfeccionar su técnica en el *green*, mientras que sí son demasiados lo que intentan pegar más fuerte, más alto, más lejos. Parecería ser que jugar en el *green* es algo sin valor, sencillo y sin importancia. También esto se ve en la cancha, los jugadores se preparan concienzudamente para pegar el tiro de salida, se concentran, se paran detrás de la pelota, analizan el terreno, mueven las manos, acomodan su *grip*, respiran, generan una rutina, ven dónde poner el *tee* para tener un mejor *stance*, recrean su *address*, aflojan sus hombros, prueban la tensión de sus dedos, aflojan las manos y se balancean, pero cuando están en el *green* ante un *putt* de medio metro, se paran, hacen un *swing* de práctica y... solo tiran. No se concentran, no se preparan, no hacen lo mismo que hicieron en el *tee* de salida. Por eso, encontramos muchos aficionados, y me incluyo, que logran llegar al *green* de un par 4 en dos golpes, y terminan anotando en la tarjeta un seis, producto de cuatro *putts* fallidos. Parecería ser que en el golf de aficionados los *putts* no tienen el mismo valor que los tiros largos, y parecería ser, también, que los aficionados menospreciamos esos tiros de precisión. Al fin y al cabo no son tan difíciles, no merecen práctica ni concentración. Solamente acompañar la pelota despacio para que entre en el hoyo. ¿Qué ciencia tenemos que tener? Ninguna; solo golpear y acompañar. Nada más. Amigos, he visto torneos de la PGA (Professional Golfers Association of America) donde un *putt* mal ejecutado tuvo un costo de millones de dólares. ¡Cuidado! No sea cosa de perder lo que habíamos conseguido por no tener en consideración los "tiros menores". Por eso digo que tiene tanta importancia, tanto peso y tanta fuerza un tiro de 300 yardas como un *putt* de 10 centímetros, y es menester del buen jugador de golf reforzar ambas prácticas, y no menospreciar esos tiros inocentes.

Podemos decir que en nuestro desarrollo del liderazgo sucede algo similar. La mayoría de los líderes están focalizados en las grandes cosas, en los grandes pasos, en las grandes acciones, asumiendo que si eso se hace, el resto vendrá por añadidura. Desarrollamos faraónicos planes y olvidamos muchas veces esos detalles que conforman el todo, esos detalles que garantizan el éxito, esos detalles que dan un valor agregado a nuestra labor. Es tan importante el cierre de un gran contrato como la atención de nuestra recepcionista a un cliente, es tan importante el desarrollo de un nuevo gran producto como cumplir con la palabra empeñada. Es tan importante felicitar a un colaborador cuando realiza una gran obra como cuando presenta un informe perfectamente redactado. Recuerde fechas de cumpleaños, momentos clave, aniversarios; tenga en cuenta todo lo que para su gente puede ser importante, recuerde el Día de la Secretaria, sea coherente con sus colaboradores, festeje cualquier logro por pequeño que sea. No deje pasar ocasión de felicitarlos, de agradecerles, de hacerlos sentir bien. He visto cómo personas con cargos altos en compañías preparan las reuniones de directorio: no se les escapa detalle, están en todos los pormenores, el café, las tazas, las sillas, el aire acondicionado, las medialunas, los sándwiches, el mantel, las servilletas, incluso la música, las presentaciones, el ingreso de la gente; todo está planeado minuciosamente para ese encuentro. Sin embargo, cuando le toca hacer lo mismo para su equipo de trabajo en la reunión semanal, tenemos que dar gracias si, aunque sea, hay agua y un par de vasos de plástico. Parecería que sus colaboradores no merecen que el jefe los haga sentir a gusto, que no acreditan para ser agasajados. A fin de cuentas, ¿cuál es la diferencia entre el consejo directivo y su equipo de colaboradores? Creo que no existe diferencia, todos son personas, todos tienen la necesidad de sentirse a gusto, todos quieren sentirse especiales. Por eso, repito, cuide los detalles, son ellos los que marcan la diferencia entre un líder de excelencia y alguien del montón. Si tiene oportunidad, vea a los profesionales de golf haciendo un *putt*: miran, analizan, dan vueltas, se paran detrás de la pelota, delante de la pelota, vuelven a mirar, practican un *swing* de práctica, miran cada caída del hoyo, los desniveles, se concentran y luego, solo luego de todo esto, se disponen a pegar. Igual que en un tiro de distancia; para ellos no existe diferencia. Quizá porque saben que cualquier tiro es igual de importante o porque son conscientes de que fallar un *putt* (tiro fácil) les puede costar el campeonato.

En la actualidad, se están presentando una serie de cambios que son producto de una sumatoria de fuerzas muy importantes. Entre ellas, la influencia de los avances tecnológicos que permiten a un número creciente de personas estar cada vez más informadas en una suerte de compresión geográfica en la que, por la velocidad y el cúmulo de información que reciben, la expectativa es cada vez mayor y, como consecuencia, crece la responsabilidad y la necesidad de transparencia. Una vez que la gente se interioriza acerca de lo que ocurre en otros lugares, espera lo mismo para sí. Por consiguiente, sus clientes y sus colaboradores seguramente se están interiorizando, cada uno a su manera, de las últimas novedades que están ocurriendo y de las cuales ellos también querrán beneficiarse. Para que pueda satisfacer las necesidades y los deseos de esas personas, está en usted darse cuenta de cuáles son los detalles que atraen a esa gente y qué, según ellos, es lo que agrega valor a su tarea.

Este es el gran secreto que los triunfadores van a poder aprovechar en sus esfuerzos de "encantar" a la gente y retenerla. Aquí es donde entra a jugar la fuerza de la transparencia producida por la responsabilidad de uno: hay que ser congruente en la integridad que se ofrece a la gente para que ellos se sientan verdaderamente seducidos y decidan ofrecer su lealtad. En el caso de los clientes, esa lealtad va a durar hasta que el mínimo estímulo, típicamente nocivo o negativo, los lleve a decidir que ya es hora de cambiar de empresa proveedora. En cuanto a los colaboradores, esa lealtad va a existir siempre que lo que ellos hagan dentro de la empresa sea reconocido como valioso, y que la actividad que les corresponda les sea desafiante y les permita crecer como seres humanos y profesionales además de que tengan buenas relaciones con los demás colaboradores. Si bien el aspecto salarial y demás beneficios siguen siendo factores decisivos para retener a los buenos colaboradores, cada vez pesan menos con respecto a los elementos mencionados. Por más curioso que parezca, estos elementos siempre han sido preponderantes, lo que se ha modificado es la influencia de las fuerzas actuales que generan el cambio. Veamos un ejemplo histórico. Se dice que el emperador Napoleón Bonaparte había logrado una lealtad incondicional de todas sus tropas a través de un gesto simple, pero que él practicaba constante y congruentemente: se paseaba entre las tropas (oficiales, suboficiales y soldados) mientras sitiaban un poblado, y les hablaba a cada uno dirigiéndose a ellos por sus nombres, les preguntaba por sus familias, sus esperanzas, cómo se sentían, y les pedía que se cuidaran mientras durara esa actividad y la toma del poblado. Esos hombres se sentían importantes y percibían que sus funciones dentro de ese ejército eran tan significativas que el mismo emperador se ocupaba de ellos.

Ahora, caben las preguntas: ¿cuán bien conoce a sus clientes y a sus colaboradores? ¿A qué le dan importancia ellos? ¿Qué los hace sentir reconocidos? ¿Cuál es su necesidad de asociación y de experimentar comprensión y proximidad? ¿Qué los estimula y los hace sentirse satisfechos? ¿Qué los hace permanecer? Pues bien, en su empresa pasa lo mismo: sus colaboradores necesitan que los conozcan; que nosotros sepamos a qué le dan imporatancia en sus labores; necesitan sentirse reconocidos, comprendidos, con proximidad; los grandes acontecimientos o momentos y los pequeños esfuerzos, las nimiedades, las acciones de todos los días, son igual de importantes, le podría decir que fallar en una acción por mínima que sea, por ejemplo, no felicitar a sus colaboradores por pequeños logros o no agasajarlos como se merecen, también le puede costar el campeonato. De hecho, sus colaboradores están esperando que usted se dé cuenta de las pequeñas cosas, no solo de lo que es grandioso, sino de aquellas que para cualquiera podrían pasar inadvertidas, pero no para su líder. Usted debe estar en cada detalle, debe pararse en los pequeños pormenores y mirar lo que nadie ve; allí radicará su grandeza, y sus colaboradores serán conscientes de su accionar y valorarán sus palabras. La simple acción de acordarse del cumpleaños de un colaborador, o poder decirle a alguna de sus colaboradoras que se ha cambiado el peinado, o recordar fechas importantes de los hijos, hacen que la gente sienta que valen la pena. Muchos de nosotros estamos esperando que ocurran grandes cosas para disparar una felicitación, aguardamos que pase lo que está estipulado que tiene que pasar para decir algo bueno a nuestra gente. La verdad es que eso lo hace casi todo el mundo; lo que no hace casi todo el mundo está fundamentado en lo cotidiano, lo común, lo simple. Y es ahí donde podemos marcar una diferencia en las cosas de todos los días, no en los "acontecimientos especiales", sino en las acciones diarias. Nuestro mejor entrenamiento es el que nos ocurre mientras trabajamos, y está al alcance de cada uno de nosotros todos los días. En ese transcurrir, podemos valernos de cada instante y de cada interacción; obsérvelos, compréndalos y dlos a conocer. La gratificación será inconmensurable, y el compromiso de la gente se volverá constante y permanente. Así en la oficina como en la vida misma. Suba a un colectivo y salude al chofer, déjele propina al cocinero en lugar de al mozo que lo atiende en un restaurante, suba a un ascensor y diga "buenos días". Haga lo que nadie hace, sorprenda a las personas. No requiere un gran esfuerzo, y el resultado es inmediato.

No lo dude, entrénese en los grandes tiros y en los "insignificantes" *putts*. Es la mejor recomendación que le puedo hacer.

Principio 12. Un buen golpe viene precedido de un buen *grip*

Otra de las claves fundamentales del golf tiene que ver con la manera en que asimos el palo. El *grip*, la forma de tomar el palo, tiene algunas estrategias que nos permiten mejorar nuestro juego. Parecería sencillo si solo tuviésemos que asir el palo en nuestras manos y ejecutar la acción, pero para que el golpe sea excelente, debemos prestar atención a pequeños detalles que terminan haciendo el todo del golpe.

Para comenzar debemos pensar en la *firmeza*: el palo de golf se debe tomar firme para que la trayectoria del *swing* no se vea afectada; también debemos pensar en la *suavidad*: el *grip* debe ser lo suficientemente suave como para poder manipular el golpe; por otra parte, debemos sentir que el *grip* es *flexible*, de manera de poder darle movilidad a las muñecas y terminar cruzando la cara del palo. Todo esto debe despertar en nosotros una *sensación*, la sensación de que el palo está siendo tomado por completo. Es importante sentir el *grip* y el palo antes de hacer contacto con la pelota. También lo es apelar a los sentidos de la vista (ver cómo está siendo agarrado el palo) y del tacto (percibir la presión, firmeza, suavidad y flexibilidad en nuestro *grip*), y sentirse cómodos con el *grip*. Todo esto definirá en gran medida la perfecta utilización del palo elegido para lograr el objetivo. En términos de firmeza, decimos que el palo debe tomarse como un pájaro en nuestras manos: demasiada presión lo mataría, pero mucha soltura lo dejaría volar. La presión que le ejerzamos al *grip* debe ser justa, ni muy dura ni muy blanda. Imagine que levanta el palo con una sola mano de manera que la cabeza del palo queda arriba, y mida la firmeza sintiendo que el palo no se le cae de la mano; pruebe cuán flexible puede hacerlo. Cuando lo logre, tenga por seguro que esa es la firmeza que debe darle al *grip*.

Por supuesto que, como todo en el golf, hay una técnica para tomar el *grip*. No pretendo darle una clase, pero sí acercarle algunos conceptos que lo ayudarán a mejorar la forma de asir el palo. En primer lugar, la mano que toma primero el *grip* es la izquierda (si usted juega como diestro) y debe ser tomada en primer lugar por los dedos meñique, anular, medio e índice. Una vez acomodado el *grip* entre estos dedos, debe envolverlos con la palma de manera que queden cubiertos;

el único dedo que queda diferente, mirando hacia abajo, es el pulgar, que será cubierto por la mano derecha para darle firmeza al *grip*. Posteriormente, deberá montar la mano derecha (si juega como diestro) sobre el pulgar de la izquierda, de manera que quede atrapado el pulgar en esa mano. Una vez montada, debe fijarse que la unión de la mano y el pulgar de la mano derecha formen una "V" y los dedos índice y pulgar de esa misma mano formen una especie de gatillo por encima y debajo del palo. Dicho muy desordenadamente y apelando a su imaginación, esa es la forma de tomar el *grip*, aunque, seguramente, habrá otras maneras de hacerlo. De este modo usted volverá con el *swing* de una manera flexible, pudiendo tener elasticidad en sus muñecas para imponer potencia, dirección y precisión a su golpe. Pero recuerde, mucha presión no logra un buen golpe, y mucha soltura tampoco. El secreto de un buen *grip* está fundamentado en darle la suficiente presión y la soltura correcta para generar el movimiento. Si me abstraigo del golf y me centro en la vida, nuestro cuerpo necesita cierta "presión sanguínea" para estar bien. Si recibe demasiada presión, decimos que tenemos "presión alta", lo cual puede terminar en la muerte o, por lo menos, en parálisis de partes del cuerpo, y si recibe poca presión sanguínea, decimos que estamos con "baja presión", lo que ocasiona mareos, vahídos, y hasta desmayos. Como vemos, nuestro cuerpo, que es una máquina perfecta, necesita de una "presión justa" para poder desenvolverse. Con el *grip* pasa lo mismo: demasiada presión y el golpe "explota", o poca presión y el golpe "se desarma". Ahora pensemos cuál es la presión que usted debe darle a su *grip*. Independientemente de la analogía con el pájaro en su mano, el nivel de presión lo determinará en función de su conocimiento personal, porque nadie más que usted está capacitado para poder determinarlo. Por eso le pido que pruebe, que vaya testeando su *grip*, que cambie la presión y la flexibilidad hasta que encuentre el punto justo.

Veámoslo desde la óptica del liderazgo. Durante años creímos que la mejor manera de lograr resultados tenía que ver con presionar a nuestra gente. La movida tayloriana que hemos vivido se fundamentaba en este patrón: los empleados debían hacer lo que tenían que hacer con la mayor presión posible. En ese entonces, la figura representativa de los trabajadores y el único contacto que estos tenían con la plana mayor de la empresa eran los capataces, figura de autoridad que aplicaba con rigor marcial los castigos a quienes no cumplían con la tarea. Los capataces surgen por la necesidad de hacer que todo funcione en provecho de las empresas, elevando el nivel de productividad de los trabajadores. Se creía que, para lograr que cada quien hiciera lo que le correspondía, era menester tener una persona que regulara sus trabajos, que observara cómo hacían sus labores, y que corrigiera las desviaciones respecto de las normas establecidas. Su función era sencilla: observar lo que hacían los operarios y corregir los desvíos de las normas o procedimientos rudimentarios creados por los ingenieros para lograr mayor efectividad laboral. Pasado un tiempo, y con el advenimiento de los departamentos de recursos humanos, vivimos otra realidad. Creímos que si los dejábamos solos, los colaboradores darían todo de sí para lograr los objetivos y asumimos que la falta de presión redundaría en un mayor compromiso y en una forma de trabajar armoniosa. Y nos equivocamos, porque así como nuestro cuerpo necesita una presión determinada para funcionar, con los trabajadores sucede lo mismo. Ellos precisan sentir que deben hacer un esfuerzo para lograr los objetivos, y necesitan saber que tendrán que apelar a todas sus destrezas para alcanzar lo que se proponen. Ni una excesiva presión es recomendable, ya que el empleado podría "explotar", ni la laxitud total es buena, ya que el trabajador correría el riesgo de "desinflarse". Cada empleado, cada colaborador, cada ser humano necesita un cierto nivel de presión para funcionar. La mejor manera de instaurar esta presión está centrada en la posición de los objetivos. Ellos, en esencia, generan un imperativo en cuanto a tiempo y actividades que despierta en cada uno la presión necesaria para actuar. La motivación es encontrar un motivo que despierte acción (motivo + acción), por eso creo que establecer un buen sistema de objetivos garantiza la presión necesaria, siempre y cuando existan también mecanismos de control de avance con cada colaborador. Sin embargo, saber establecer objetivos no es cosa fácil. Imagine que le pido que recorra una vuelta de golf –es decir, 18 hoyos– en una hora, haciendo el par de la cancha. ¿Cuál sería su sensación? Si usted es como yo y no un extraterrestre, sentiría que es imposible, por lo tanto, no valdría la pena intentarlo. ¿Y si le pidiese que la recorra en doce horas, haciendo el doble del par de la cancha? Sería muy fácil, ¿no cree?; en consecuencia, tampoco valdría la pena intentarlo. Entonces piense esto: objetivos grandes y poco probables generan frustración, y objetivos pequeños y fáciles de lograr generan dilación, y en los dos casos hacen que la motivación necesaria para hacer algo más que lo acostumbrado desaparezca. Por eso, mida el grado de presión con la que trata a sus colaboradores para que den todo lo que tienen y logren alcanzar los objetivos propuestos. Igual que con el *grip*. Mucha presión termina en desastre, y poca presión también.

Ahora bien, ¿cómo saber si la presión que se ejerce es suficiente? Nunca va a faltar quien pretenda que se le ofrezca la varita mágica. Permítame que cite a Cooper Procter, socio fundador de Procter & Gamble, que dijo: "El principal problema de las grandes empresas de hoy en día reside en elaborar políticas que hagan sentir a cada empleado que él es un elemento esencial de la empresa. Es necesario que cada empleado se sienta personalmente responsable del éxito de la empresa y que se le ofrezca la posibilidad de recibir una parte del resultado de ese éxito". Y pensar que hay gente en las empresas que todavía no parece haberse enterado de esto. Pero no hay duda de que usted sabe leer entre líneas lo que quiso decir el señor Procter en 1887. Además, usted ya sabe que cada individuo es un mundo, así que cada persona va a merecer un tratamiento diferente. La vida corporativa es fluida y compleja, y ninguna intervención o cambio por sí solo va a resolver los problemas que se presentan. Eso sí, los recursos humanos de una empresa no pueden ignorarse, porque si eso sucede, lo demás no va a funcionar bien; al comprender cuál es la medida justa de presión con que hay que sostener a cada colaborador de su equipo va a lograr la sinergia por tantos añorada.

Principio 13. En el golf no hay nada que sea constante

En el juego del golf todo es variable y cambia permanentemente. Nada es constante. No es lo mismo el pasto de la mañana que el de la tarde, no es igual el juego cuando llueve que cuando hay sol. Salimos a jugar los primeros 9 hoyos sin viento, y cuando volvemos este pega en nuestras caras. La brisa que teníamos de frente, ahora viene por la espalda, y los *greens* que corrían velozmente, ahora son lentos. Todos estos cambios suceden en cuestión de horas o días. Es difícil predecir qué va a pasar, y por lo tanto, también lo es seguir estrictamente nuestro plan si las circunstancias han cambiado. Por eso, decimos que el golf es un juego de sensaciones. No es solo un juego analítico en el que, a partir de la cantidad de yardas que tenemos hasta la bandera, podemos matemáticamente calcular cuáles palos vamos a usar y lograr el resultado. Intervienen otros aspectos que no son solo analíticos, sino que tienen que ver con las emociones y las sensaciones. Cuando vamos a pegar y nos paramos frente a la pelota, surgen sensaciones que nos ayudan a medir la acción posterior: sentimos la brisa en la cara, sentimos la dureza o liviandad del pasto, vemos la huella de los tiros anteriores, miramos las copas de los árboles para visualizar el viento, sentimos el palo en nuestras manos, sentimos la cara del palo haciendo un péndulo, sentimos el palo pasando bajo la pelota, la cabeza del palo rozando el pasto, sentimos el *swing*, sentimos la rotación de nuestro cuerpo, la fortaleza de nuestros brazos, sentimos el golpe. En definitiva... *sentimos más de lo que pensamos*. Sentimos en lugar de analizar, sentimos, sentimos, sentimos y sentimos. Las sensaciones son la esencia del juego. Los malos jugadores piensan demasiado el tiro que van a efectuar y, como dijimos, se concentran en el resultado, y al hacer esto, se llenan de temor.

Los grandes jugadores, una vez que tienen claro qué deben hacer, sienten lo que van a hacer y ya no piensan más. Cuando el jugador piensa demasiado, se enfrenta a una situación difícil de corregir: piensa si el tiro será lo suficientemente bueno como para lograr el resultado, y como resultado, tensa el cuerpo por temor a fallar. Su pensamiento está en la mecánica y no en la soltura, se impone no fallar, y piensa en lo que va a hacer. Como consecuencia de todo esto, encontramos grandes tiros y pésimos tiros... uno a continuación del otro; no logran ser consecuentes, no consiguen ser equilibrados en su forma de jugar. Vamos a decir que aquellos jugadores que se concentran más en la técnica que en la sensación son gestores del juego, y todo lo que hacen debe tener una connotación mental. Mientras que los jugadores que utilizan las sensaciones para mejorar su juego son líderes del juego, marcan la diferencia, se destacan y crecen. Porque lo racional ya lo tienen incorporado y la técnica ya es parte de su gesto, no necesitan pensar de más. En el golf, el contenido mental o pragmático debe ser igual al sensorial o emocional, de manera de poder combinar lo que es mecánico con aquello que es creativo. Esa es la mejor forma de pararse en una cancha de golf.

Como líderes nos pasa lo mismo. Muchos de nosotros queremos liderar desde el pragmatismo de las reglas, las normas, los procedimientos, dándole poca injerencia a la parte emocional. Pero, déjeme decirle una verdad importantísima: el liderazgo es un juego de emociones donde nada es constante, donde las variables son tantas que nos es imposible manejarnos solo con la mente. No sabemos cómo va a estar la jornada ni cómo se van a presentar los colaboradores, y la mayoría de las acciones serán una incógnita. Quizá nuestro colaborador llegue a la oficina con una carga emocional negativa porque se peleó con su esposa. Quizá otro colaborador llegue abatido porque no puede pagar la tarjeta. Quizá nuestro colaborador no llegue. Quizá las condiciones no están dadas para poder lograr el objetivo. Quizá el camión que traía los repuestos que necesitamos en la fábrica quedó varado en la ruta o nuestro proveedor de insumos tuvo algún problema que le impidió cumplir con la entrega. Son tantos los "quizá", que pretender jugar el juego del liderazgo solo con la cabeza es suicidarse, de la misma manera que querer jugar al golf solo con la técnica es perder el partido. Es importante comprender que en el liderazgo intervienen todos los sentidos, y que cada uno de ellos nos sirve para afrontar los desafíos por venir. Utilizamos la vista para proyectar un horizonte que nos resulta claro, para marcar el camino a seguir y para posicionar la visión que nos impulse y nos motive a la acción. Utilizamos el olfato para encontrar las posibilidades de nuevos negocios, nuevos rumbos, nuevas oportunidades. Utilizamos el sentido del oído para saber qué pasa a nuestro alrededor, para estar atentos a lo que ocurre en nuestro entorno, para conocer qué está viviendo cada uno de los colaboradores. Utilizamos el sentido del tacto para crear cercanía, empatía, confianza, unidad y, finalmente, utilizamos el sentido del gusto para festejar con alguna comida nuestros logros, para felicitar a nuestros colaboradores por sus acciones, para agasajarlos, para estimularlos y para motivarlos. Como ven, todo lo concerniente a las sensaciones, la parte técnica, lo formal y lo establecido componen nuestra labor, pero no es nuestra labor. El liderazgo pasa por poder sentir la atmósfera e imponer entusiasmo a partir del entendimiento emocional de las personas. Eso es liderar, la mezcla perfecta entre conciencia y emoción, entre mente y espíritu, entre cabeza y corazón. Piense de ahora en más cómo puede hacer para mejorar su relación *sensación-intelecto* y le aseguro que conseguirá logros gigantescos.

Créame, tanto en el golf como en el liderazgo, nuestros movimientos más perfectos surgen de las sensaciones que experimentamos.

Principio 14. El golf es un juego de caballeros

Si hay algo que me llamó la atención cuando comencé a jugar golf, fue que nadie controlaba a nadie, y cada uno hacía su juego. Creí en ese momento que hacer trampa era demasiado sencillo y que si estaba en mi espíritu podía hacer cualquier cosa para ganar. Asumí que todos debían hacer lo mismo; al fin y al cabo, quién iba a saber si yo moví mi pelota porque estaba detrás de un árbol; estaba solo y nadie podía verme. El tiempo me enseñó que si bien existen jugadores que mueven su pelota, cantan golpes de menos, acomodan la pelota en un mejor *lay* o no cuentan la penalización por caer al agua o fuera de límite, son la minoría. La mayoría de los jugadores de golf aceptan la ética de este deporte y no son capaces de engañar en un *score*, en un golpe o en una pelota movida. Son caballeros que entienden que la honestidad es sinónimo de virtud, y que el juego nos enseña a ser cada vez más transparentes. En el golf existen reglas, como en todos los deportes, pero en la franja de jugadores aficionados, cumplir o no las reglas es una cuestión personal. En los grandes torneos, existen los *marshals* (árbitros) que velan por el juego, pero en salidas de amigos o torneos de aficionados no es común, de manera que el jugador es juez y parte, y puede, si está en su forma de ser, trampear o engañar. Sin embargo, no es frecuente que esto suceda, y la mayoría de las veces, comprobamos nuestra honestidad porque esa es la esencia del juego. La trampa está solo en su conciencia, el engaño no está dirigido hacia los demás, sino hacia usted. Hace años, el gran maestro del golf argentino, Roberto de Vicenzo, perdió un torneo del *tour* por presentar la tarjeta mal confeccionada. El periodista que lo entrevistó posteriormente le preguntó por qué había hecho lo que había hecho si, en definitiva, el único que sabía la realidad era él. El maestro le respondió: "Precisamente, el único responsable soy yo, y no hace falta que alguien me controle para saber lo que está bien o lo que está mal". (Desconozco si fueron estas las textuales palabras, pero la anécdota es real.)

En el golf existe respeto, consideración, palabra, compromiso, honestidad, lealtad, pero no porque alguien los imponga; solo se respira. No hay lugar para la duda, para el engaño, para la sospecha. El golf es un juego transparente porque su gente es transparente, es un juego honesto porque su gente es honesta, es un juego respetuoso porque su gente es respetuosa, es un juego de palabra porque su gente es de palabra. En definitiva, cuando uno se presta a jugar golf, pone de manifiesto valores profundos que se ven en la cancha. Y eso lo convierte en un deporte formativo y valioso.

Ahora le pregunto: ¿quién decide si usted es un líder ético?, ¿quién le impide hacer cosas que no están permitidas?, ¿quién le impide realizar acciones *non sanctas*?, ¿quién, además de su propia conciencia?... En definitiva, lo que los demás ven son los resultados. La verdad es que usted es dueño de sus acciones y responsable de sus decisiones. El único problema radica en su propia credibilidad. No puedo exigir respeto si no soy respetuoso, no puedo exigir que los demás cumplan con su palabra si yo mismo no lo hago, no puedo demandar compromiso si primero no demuestro compromiso; en fin, no puedo pedir aquello que no estoy dispuesto a dar. Su gente sabe, se da cuenta y percibe cuando hay algo fuera de lugar. No es que se lo van a requerir de arriba. Usted puede hacer lo que quiera para conseguir el objetivo, pero en su conciencia estará haber alcanzado el objetivo con acciones éticas, con honestidad y cumpliendo con su palabra, o no. De la misma manera que en el golf: sin controles de nadie, solo usted y su conciencia.

Además de la integridad y honestidad del golfista (líder), hay otros códigos de etiqueta en el golf que son aplicables al liderazgo. Son pautas de comportamiento, y si bien no forman parte de las reglas del juego, sirven de guía y sus infractores pueden ser amonestados por no respetar esas pautas que tienen que ver con la consideración hacia las otras personas. Esta consideración tiene relación con la seguridad, respeto hacia los demás, ritmo de juego y prioridad. La seguridad reside en no ejecutar *swings* de práctica cuando hay personas cerca, no golpear la pelota hasta que el grupo de jugadores que lo precede se haya alejado y advertir a otros con un grito de "fore" o "bola" si corren peligro de ser golpeados por una pelota suya. El respeto se muestra no tirando los palos ni gritando en alta voz si un tiro no salió bien (aunque a veces todavía se ve este espectáculo), estar preparados para jugar y no hacer perder tiempo a quienes siguen, no distraer con movimientos o hablando mientras alguien va a efectuar su golpe, reparar los *divots* (pasto dañado) y rastrillar la arena del *bunker* para dejarla como estaba antes. En lo que concierne al ritmo del juego, implica jugar sin perder tiempo, buscar una pelota hasta 5 minutos, pensar en el próximo golpe mientras se camina hacia la pelota y abandonar el *green* no bien se termina de jugar el hoyo. Por último, los grupos de tres o cuatro jugadores les deben dar prioridad a los de dos.

Los líderes también deben comportarse con su propio código de etiqueta a través de la consideración para con sus colaboradores. Un buen líder va a velar por la seguridad de su gente y obviamente los va a tratar con respeto además de infundir cierto ritmo a las actividades que se deben desarrollar, dando prioridad a los acontecimientos que la merezcan. En el contexto de la sociedad actual, se entiende que una persona (sexo masculino o femenino) que tiene gestos de caballerosidad es alguien que se comporta con nobleza y generosidad, como todo gran líder.

UNA SUGERENCIA ESPECIAL

En el golf nunca dejamos de aprender

No sé si le ha pasado a usted algo parecido, aunque puedo intuir que sí; le aseguro que a mí me sucede muy a menudo. Luego del fin de semana y de haberme arrastrado por la cancha, habiendo presentado una tarjeta con 104 golpes *gross* (es decir, la cantidad de golpes totales sin restarle mi hándicap), vuelvo con la cabeza gacha a ver a mi profesor y le cuento cómo me fue. En ese momento, él comienza su clase y, como siempre, me pide que tome el *pitch*, o un *wedge*, y que simplemente pegue. Para mi sorpresa, la pelota se eleva y cae donde yo quise que cayera, con altura, dirección y potencia; es más, para mis adentros pregunto: ¿de dónde salió ese *swing*? Luego tomo el hierro 7 y... otra vez, la pelota se eleva y cae en las 150 yardas, y, nuevamente, me pregunto: ¿de dónde salió ese golpe? Y la remato cuando tomo el *driver* y... la pelota se eleva con fuerza, potencia, dirección, elasticidad y escucho ese sonido mágico de la cara del palo impactando sólidamente la pelota. Cae en las 280 yardas y me pregunto: ¿de dónde salió ese impacto? Por supuesto que para ese entonces he olvidado la vuelta del fin de semana y la tarjeta que presenté y la cantidad de golpes que había hecho. En ese momento, estoy en el edén de los golfistas, asumiendo que lo del fin de semana solo fue un mal día, y que todo lo que tengo que saber del golf ya está aprendido. Comienzo a elevar nuevamente mi autoestima suponiendo que ya estoy preparado para jugar el torneo de maestros, admitiendo que nada me falta para lograr hacer una vuelta de setenta, y que en mí está todo el conocimiento necesario para ganar cualquier campeonato que se presente.

No sé si a usted le ha sucedido, pero a mí me pasa todos los lunes. Por más que me pese, esa es la cruda verdad. Y yo sé que muchos llegamos a ver a nuestro profesor con diferentes situaciones, quizá porque le pegamos con *slice* o porque no pudimos levantar la pelota del suelo o, tal vez, porque nuestro juego corto no ha sido bueno o nuestro *putt* no ha sido efectivo. También sé que en la mayoría de los casos, una vez que "el profe" corrige, nos sentimos nuevamente motivados y por momentos estamos convencidos de que podemos llevarnos el mundo del golf por delante. A esta altura, nos volvemos tan soberbios que ahuyentamos a los que tenemos alrededor. Por eso digo: ¡cuidado!, porque cuando pienso que estoy listo para el salto cuantitativo, sobreviene el desastre.

¿Cómo podemos aplicar este principio al liderazgo? No hay nadie a quien la gente común, la persona corriente, repudie más que al sabelotodo, al soberbio, al que tiene todas las respuestas, al que conoce de todo, al que se cree por encima del resto. Vuelvo a insistir, no sé si a usted le ha pasado, pero no hay nada más insoportable que un compañero de juego que, cuando uno termina de pegar su tiro de salida y ve que la pelota quedó debajo de los árboles o, peor aún, que fue al agua, se acerca y nos dice: "le sacaste la vista" o "dejame que te corrija, moviste todo el cuerpo" o "quebraste demasiado las muñecas". Le aclaro que mis compañeros de juego no tienen una sola cifra de hándicap, todos tienen arriba de 20... ¡y nos dan consejos! Digo yo, ¿por qué no se preocupan por no perder sus pelotas en lugar de hacerse los profesores? Aunque, ahora que lo pienso, yo también me he encontrado en esa misma situación, dándoles consejos a mis compañeros de juego, y yo tengo... ¡19 de hándicap!

Volvamos al liderazgo. Nadie le ha pedido que tenga todas las respuestas. Ninguno de sus colaboradores cree que usted es un superdotado que tiene todo el conocimiento del mundo. Sus colaboradores saben que no es así, y no les molesta. Lo que sí les fastidia es pensar que usted actúa como si todo lo supiese, como si todo lo conociese, como si todas las respuestas las tuviera a flor de piel. Ellos, sus colaboradores, quieren que quienes los lideren sean estudiantes eternos, quieren que constantemente estén buscando nuevas preguntas, nuevos desafíos, nuevos caminos, nuevas alternativas, aunque no sepan lo que les depara el destino, aunque no estén totalmente seguros y necesiten de cada uno de ellos, aunque tengan que volver a estudiar para aprender. Ellos quieren líderes que puedan decir que no saben o que no pueden, que estén dispuestos a mejorar su conocimiento con humildad, y no con soberbia. Por eso –reado la vida, porque la ha degustado, probado, investigado. Aprenda a saborear la vida, sea un investigador, un aprendiz, un estudiante.

Recuerde que en el golf nunca dejamos de aprender, y en el liderazgo... tampoco.

Por eso le pido:
- Lea, sea un ávido lector de cualquier tipo de literatura; ya sean clásicos, biografías, textos, manuales, le pido que devore toda la información que pueda.
- Observe, vaya al cine, vea películas, atrape toda la magia de los cuentos filmados, sea un espectador que saca provecho de las películas que ve.

- Sienta, salga de paseo a lugares donde no ha estado, mire ferias, artesanos, converse con ellos, sepa qué piensa alguien que hace algo diferente a usted.
- Vibre, concurra a exposiciones, a conciertos, a recitales, dese gustos, convídese noches diferentes, programas no habituales, rompa la rutina.
- Mire, huela, toque, escuche, saboree, festeje, siempre con la humildad de aprender.

Es más fácil liderar cuando nos declaramos aprendices que cuando nos comportamos como altaneros y soberbios, cuando la gente nos ve como personas iguales, humildes y accesibles, cuando estamos en poder de todos nuestros sentidos; por eso, observe, escuche, tenga tacto, olfatee las oportunidades y festeje los logros.

EL MOMENTO FINAL...
EL RITMO

He dejado para el final uno de los más importantes conceptos que tiene el juego del golf. No lo quise tomar como un principio porque, más bien, lo considero "el fundamento de todo", ya que es una filosofía y una verdad mediante la cual todo en el golf es posible, y sin ella nuestro juego deja de ser constante y consecuente. Encierra los golpes y las jugadas magistrales y más espectaculares que podemos ver en el juego del golf. Si uno pudiese tener este concepto arraigado en sus entrañas, todo lo demás se presentaría sencillo. Tiene que ver con el juego, con el *swing*, con la manera de golpear, con la forma de conducirse, con el modo de presentarse en un juego, en definitiva, tiene que ver con todo. Y, por otro lado, requiere de todo lo expuesto anteriormente. Requiere una gran concentración, así como constancia, confianza y equilibrio, y se necesita para poder lograr conquistar los 14 principios fundamentales. Tal vez cuando se lo cuente, usted exclame: "¡Esto era!", pero le aseguro que si dominamos esta disciplina, el golf será para cada uno de nosotros algo divertido, ameno, sencillo y hasta lograremos mejorar nuestro *score* y, consecuentemente, nuestro hándicap. Ese concepto misterioso se llama **ritmo**. El ritmo es lo que nos permite golpear siempre de la misma manera, es lo que nos permite generar mejores *swings*, tiros rectos, alcanzando siempre el *fairway*, mejorando nuestra distancia y precisión. El ritmo es lo que permite que podamos corregir nuestros errores y seamos más certeros a la hora de jugar. El ritmo es el que marca el grado de confianza, concentración y equilibrio, y es el que nos da la confianza necesaria para tener vueltas de excelencia. El ritmo es la esencia del juego del golf.

Todos los profesionales marcan a fuego el concepto del ritmo, todos los profesores hacen hincapié en el ritmo, todos los conocedores miran cómo es el ritmo de un jugador y pueden ver la plasticidad de un golpe observando el ritmo de ese jugador. ¿Por qué es tan importante el ritmo? Creo que es lo que nos permite que nuestros tiros sean iguales y que podamos sacar lo mejor de cada uno de nuestros colaboradores. El ritmo es la manera en que usted genera su *back swing* (llevar el palo para atrás), su *down swing* (volver con el palo para pasar debajo de la pelota) y su *finish* (el modo en que sus brazos se extienden más allá del objetivo, enviando la pelota hacia él). Es el modo que manifiesta la armonía de sus movimientos, es la forma en que usted crea la magia del *swing*, capaz de elevar la pelota por los aires sin hacer fuerza alguna, sin crear presión, generando potencia sin fuerza. Es el ritmo el que marca la distancia y la precisión del golpe, el que regula su juego. El ritmo es su marca registrada, su sello, su manera de jugar golf. Si verdaderamente quiere mejorar su juego, concéntrese en mejorar su ritmo e imponga un método particular de hacer las cosas. Una vez que encuentre su "ritmo natural", priorice el hecho de incorporarlo como parte de su juego.

¿Dónde aparece el ritmo en el liderazgo? Al igual que en el golf, el ritmo en el liderazgo es su sello, su manera personal, su marca. Significa ser consecuente con las decisiones tomadas y no cambiar permanentemente la forma de hacer las cosas. El ritmo en el liderazgo es establecer reglas claras e inmutables de desempeño con sus colaboradores. Es simplemente comprometerse a hacer las cosas de una misma manera, y no cambiar cada vez que las cosas salen mal. Podemos corregir el camino, el objetivo, pero debemos instalar una manera que sea clara, precisa, concreta y comprensible para que cada integrante del equipo sepa cuáles son las reglas, los límites, las formas, y que cada uno pueda expresar al máximo sus talentos.

Cuando nosotros, como líderes, marcamos el ritmo del equipo, hacemos que las cosas pasen, pero cuando cambiamos el ritmo, la gente se vuelve temerosa, no tiene en claro qué se espera de ellos, no existe constancia, no saben hacia dónde dirigirse, y optan por tomar su propio camino, llenos de dudas, de temores, de ansiedades, cargados de incertidumbres y haciendo las cosas a su manera. Como consecuencia de esto, no logramos fomentar la unidad, la sinergia, el compromiso y la dedicación que necesitamos para hacer que los objetivos se logren y que la motivación y el entusiasmo crezcan. Por otro lado, he visto a lo largo de mi carrera como consultor, equipos o grupos que no tienen un ritmo particular, van con el viento y, por ende, sus resultados son erráticos.

Para poner simplemente un ejemplo: he visto la dinámica de un centenar de grupos de venta o equipos comerciales, en los que me llamó la atención una pauta particular. Durante el período de trabajo se desempeñaban de una forma bastante especial, pero, una vez terminado el mes de trabajo, comenzaban de la siguiente manera: la primera semana no pasaba nada, el grupo estaba en un extenso letargo, estaban cansados, abatidos, sin energía. La segunda semana comenzaba la acción, pero muy perezosamente; algunas llamadas, algunas entrevistas, quizás algún cierre, pero todo muy lento. Durante la tercera semana se empezaba a ver adrenalina, gente corriendo de un lado al otro, teléfonos utilizados a pleno, personas entrando y saliendo de la oficina, y la cuarta semana sobrevenía el caos: todos los comerciales atrás del objetivo, todos sin un minuto de descanso, sin paz, corriendo la carrera por el premio, salteando comidas, sin horarios, sin respiro, ya que no quedaba tiempo y había mucho por hacer. ¿Y todo esto con qué razón? Se acababa el mes y tenían poco tiempo para conseguir el objetivo. Muchos lo alcanzaban y terminaban exhaustos, pero contentos; otros quedaban a pocos centímetros de la meta, y otros no llegaban, y se abrazaban a la frustración. Pero el último día, antes el cierre del mes, cuando ya no había nada por hacer, se veía una imagen llamativa: parecía que habían terminado de jugar un partido de rugby; se los veía sudorosos, agitados, con los ojos cerrados intentando recuperar el aliento. Luego de esto, los jefes, gerentes o responsables me preguntaban cómo podían hacer para mejorar la performance de sus grupos de manera que lograran objetivos más desafiantes sin tanto estrés. Mi respuesta en todos los casos fue que lo que le faltaba al grupo era solamente ritmo. Vea, si lo llevo al golf, la actividad de estos vendedores sería similar a levantar el palo con cierta velocidad y bajarlo con una velocidad diferente, o levantar el palo y bajarlo sin respirar. En su labor de líder, usted debe imponer un ritmo de trabajo. Es mucho más fácil y menos estresante dividir el objetivo en cuatro semanas y trabajar parejo todo ese período, en lugar de poner toda la energía solo en la última semana. Los colaboradores no lo saben, pero usted es quien debe enseñarles, ayudarlos, acompañarlos y corregirlos.

Por eso, así como en el golf el ritmo es una pieza fundamental del juego, en el liderazgo es la clave vital para que la acción se genere, se cree un espacio de sana convivencia y se logren objetivos desafiantes en un ambiente de camaradería, comunicación y comprensión propio de los equipos de alto rendimiento. Descubra su manera de hacer las cosas, entienda cuál es su propio ritmo, comuníquelo, establézcalo y de ahí en más, no tenga dudas de que su liderazgo crecerá a pasos agigantados, al igual que su performance en el golf, imponiendo siempre un mismo ritmo de juego.

¡Con todos los éxitos, y que tenga rondas por debajo de 65!

ANEXO I

Sugerencias para trabajar los cuatro pilares en su vida profesional y personal

Constancia

- Marque algún objetivo sencillo para el próximo mes.
- Desarrolle metas para cumplir cada semana que lo acerquen al objetivo.
- Genere las acciones que debe realizar para llegar a cada meta.
- Revise este plan de acción cada fin de semana.
- Evalúe su progreso y marque los cambios que necesita realizar.

Concentración

- Siéntese cómodamente en un lugar solitario.
- Cierre los ojos.
- Inspire mientras cuenta hasta siete.

- Contenga el oxígeno mientras vuelve a contar hasta siete.
- Expire también contando hasta siete.
- Repita esta respiración diez veces.
- Abra los ojos y fije la vista en un punto.
- Intente dejar su mente en blanco (le costará abstraerse, es normal).
- Mediante la repetición, concéntrese en su respiración.
- Una vez que logre esto, repítalo en un lugar ruidoso e intente lograr el mismo efecto.

Confianza

- Encuentre alguna actividad que le cueste realizar.
- Analice dónde radica su temor a ejecutarla o su negación a desarrollarla.
- Intente realizar esa actividad lentamente, prestando atención a qué es lo que le cuesta.
- Repita esta acción las veces que sea necesario.

Equilibrio

- Analice el tiempo que dedica a su labor y el tiempo que dedica a su persona.
- Escríbalo en un papel.
- Vea hacia dónde se inclina la balanza, generando un desequilibrio.
- Intente formular un plan de acción donde las áreas estén balanceadas.
- Haga lo mismo con su trabajo de gestor (los números) y de líder (las personas).

ANEXO I

Sugerencias para trabajar los 14 principios en su empresa

Principio 1

El miedo existe; todo jugador nuevo teme no pegarle a la pelota

- Arme reuniones individuales de media hora con cada miembro de su equipo.
- Intente conocer sus puntos de vista.
- Analice en cuántos puntos de vista coinciden con usted.
- Pregúnteles por sus propios talentos.
- Pídales que describan sus aspiraciones, sueños y objetivos.
- Pregúnteles cómo consideran que usted puede ayudarlos a lograr lo que ellos se proponen.
- Invítelos a ser creativos en cuanto a los procesos en los que intervienen.
- Póngase en su lugar y pregúntese cómo actuaría usted en su situación.

Principio 2

La ansiedad reduce su posibilidad de éxito... Relájese

- Analice cuál es el propósito de su equipo.
- Vea qué valores están en juego.
- Posicione objetivos que sean coherentes con el propósito.
- Cree metas parciales que le garanticen el progreso.
- Evalúe los mecanismos de control necesarios para medir el progreso.
- Genere un plan de acción para avanzar.

- Comunique claramente el propósito, los objetivos, las metas, el plan de acción y los mecanismos de control.
- Fomente las preguntas aclaratorias.
- Comprometa a su gente a generar acción.

Principio 3

No se enfoque en el resultado, sino en hacer su mejor swing

- Una vez que tenga claro su objetivo, sáquelo de su mente.
- Concéntrese en liderar las acciones de su gente, nada más.
- Olvídese del final del camino, concéntrese en dar cada paso a la vez.
- Ponga atención en el cumplimiento de las metas.
- Evalúe si está fuera del camino.
- Motive a la acción permanentemente.
- Felicite y celebre cada buena acción por pequeña que sea.
- Tenga sesiones de entrenamiento una vez a la semana.

Principio 4

No le saque la vista a la pelota hasta que termine el swing

- Haga una cosa a la vez.
- Si está conversando, converse.
- Si está respondiendo un e-mail, responda ese e-mail.
- Practique el concepto de "estar presente".
- Tómese tiempo para revisar los números y tiempo para generar vínculos.
- Si está con su gente, no atienda el teléfono.
- Si está en el teléfono, no le pida a su gente que le cuente cosas.

Principio 5

Si elige bien el palo, logrará su objetivo

- Determine las funciones necesarias para alcanzar los objetivos.
- Analice a su equipo, vea qué talentos encuentra.
- Cambie a los jugadores de puesto si las funciones lo ameritan.
- Determine si le falta algún talento.
- Incremente las competencias de sus jugadores con sesiones de *coaching*.
- Muestre en reuniones grupales el talento de cada uno.
- Perfeccione la técnica periódicamente.

Principio 6

No es usted el que golpea, es el palo

- Concéntrese en armar la estrategia.
- Genere las acciones necesarias para cubrir esa estrategia.
- Revea los objetivos.
- Comunique claramente lo que espera de cada uno de sus colaboradores.
- No se inmiscuya en la operación.
- Delegue todo lo que pueda, analizando primero qué acciones no puede delegar.
- Delegue con las siguientes premisas: qué delegar, a quién delegar, cómo delegar.
- Cree mecanismos de revisión y cumpla con su desarrollo.
- Analice el progreso y la actividad, pero déjelos actuar.

Principio 7

Usted está solo, sus decisiones afectan su juego

- Empiece a tomar decisiones aunque sean pequeñas.
- Dese la posibilidad de equivocarse.
- Tome en consideración las opiniones de su gente, pero deje en claro que la decisión será solo suya.
- Lentamente comience a elevar el grado de decisiones que debe tomar.
- Analice cada decisión, y evalúe si fue la mejor elección.
- No tema tomar las decisiones, es parte fundamental de su labor.
- Comente a su superior las decisiones que ha tomado, pero no pregunte si las puede tomar.
- Hágase responsable de las consecuencias posteriores.
- Crezca en su poder de decidir.

Principio 8

Usted no es Tiger Woods, no quiera jugar como él

- Tome lápiz y papel.
- Anote aquellas cosas en la que usted se siente fuerte.
- Anote cuáles son sus talentos.
- Júntese con su gente en reuniones individuales.
- Anímelos a que le digan lo positivo y negativo que ven en usted.
- Júntese con su superior.
- Pregúntele en qué cree él que usted es excelente, y en qué supone que debería mejorar.
- Una vez que sepa cuáles son sus talentos... juegue como usted sabe.

Principio 9

El swing *debe ser fácil, agradable, divertido*

- Pregúntese cómo puede hacer su función más fácil.
- Pregúntese cómo puede hacer su función más agradable.
- Pregúntese cómo puede hacer su función más divertida.
- Listo. Póngase a hacer lo que lo ayudará a mejorar su ambiente.

Principio 10

Nuestro swing *de práctica es mejor que nuestro* swing *real*

- Escriba en un papel todas las acciones que usted sabe que debe realizar.
- Asigne un tiempo a cada acción.
- Comience por las acciones más fáciles.
- Coteje que las acciones realizadas coincidan con lo que usted quiso hacer.
- Evalúe el impacto de hacerlo bien.
- Mida las consecuencias de lo que ha hecho.

Principio 11

Es tan importante el tiro de salida como el último putt

- Entre las acciones que debe realizar, fíjese cuáles son muy visibles.
- Luego analice cuáles son menos visibles.
- Por último, vea cuáles son las que pueden pasar inadvertidas.
- Concéntrese en las que pueden pasar inadvertidas, ya que serán las más impactantes, pues nadie las espera.

- Pregúntese qué podría hacer para impactar en sus colaboradores.

Principio 12

Un buen golpe viene precedido de un buen grip

- Conozca a sus colaboradores.
- Cree desafíos para comprender su templanza.
- Rételos a ser mejores.
- Busque sus puntos clave de fusión.
- Elabore planes para cada uno en particular.
- Descubra qué aspectos los despiertan a la acción.
- Refuerce cada logro con una acción positiva.
- Lentamente empiece a elevar el nivel de presión para saber hasta dónde pueden dar.
- Sea coherente, y muestre su compromiso para que ellos lo copien.

Principio 13

En el golf no hay nada que sea constante

- Sea flexible.
- Usted debe adaptarse a las circunstancias.
- Utilice la emoción.
- Sienta a su equipo.
- Demuestre preocupación por sus sentimientos.
- No crea solo en la gestión, utilice su lado emocional para tratar con la gente.
- No todo pasa por el intelecto, no quiera entender todo desde la razón.
- Ponga en funcionamiento sus sentidos: visión, olfato, oído, tacto y gusto.
- Exprese hacia dónde se dirigen.

- Escuche lo que otros tengan que decir.
- Analice las oportunidades que se presenten.
- Trate a los demás como le gustaría que lo trataran a usted.
- Festeje todo logro por pequeño que sea.

Principio 14

El golf es un juego de caballeros

- Analice los valores que están en juego en la consecución de sus objetivos.
- Vea qué debería hacer para ser más honesto, más sincero, más transparente.
- Analice qué grado de compromiso, tolerancia, consideración y respeto tiene.
- Comunique a todos cuáles serán los valores del equipo.
- Demuestre con el ejemplo.
- Sea usted mismo.

ANEXO II
GUÍA PARA PRINCIPIANTES

Recorrido

Un campo de golf se divide en 18 hoyos. El objetivo del juego es meter la bola en cada hoyo utilizando la menor cantidad de golpes posible. Al cabo de los 18 hoyos, se suma la cantidad de golpes dados en cada uno: la cantidad total es el resultado con el cual se podrá decidir cuál de todos es el ganador, ya sea que se juegue con dos o más personas (se puede jugar con una sola persona como mínimo, o como máximo cuatro en un mismo grupo).

Cada hoyo está estructurado de la siguiente manera: el lugar donde se debe dar el primer golpe que está a un extremo del hoyo se llama *tee*; la distancia de este al hoyo, no solo varía de acuerdo con la longitud del hoyo, sino que existen *tees* para mujeres (más cerca del hoyo) y para hombres (más lejos del hoyo con respecto al *tee* de las mujeres, porque ellos tienen más fuerza, y por lo tanto le pegan más duro). En el recorrido hasta el hoyo, se halla la parte donde el pasto es más corto; este se llama *fairway*, y el pasto un poco más largo, donde se encuentran los árboles, se llama *rough*. Este pasto se encuentra generalmente a los costados de los hoyos, indicando los límites del hoyo con respecto a otro hoyo o con el exterior del campo. A lo largo de un hoyo se pueden encontrar trampas, como son los lagos, o trampas de arena, conocidas como *bunkers*, que dificultan más el juego. Y al otro extremo del hoyo se encuentra el *green*, que es una pequeña franja de pasto especial muy corto, donde se sitúa el hoyo.

¿Cuáles son los *tees* de salida que debo usar?

Antes que nada, hay dos significados diferentes para la palabra *tee*. A nuestros propósitos, nos estamos refiriendo al *tee* de salida, que es el lugar desde el cual se comienza a jugar un hoyo. El otro *tee* es el accesorio que el jugador utiliza para colocar la pelota en el *tee* de salida. Cada cancha puede ser diferente en términos del color de identificación de los *tees*, pero siempre hay tres, si no cuatro, diferentes *tees* desde donde jugar. Ellos son los siguientes:

- ***Front tee:*** también conocido como *tee* de damas.
- ***Middle tee:*** también conocido como *tee* de hombres o de *seniors*.
- ***Back tee:*** también conocido como *tee* de hombres.
- ***Pro tee:*** *tee* para jugadores profesionales o *tee* de campeonatos.

¿Para qué hay diferentes *tees*?

Para acomodar diferentes jugadores de diferentes niveles de juego.

¿Dónde coloco la pelota?

La pelota debe ir detrás de las marcas, y no debe estar a más de dos palos de distancia de estas marcas.

ANEXO II. GUÍA PARA PRINCIPIANTES

¿Qué significa par?

Par involucra el *score standard* contado en número de golpes asignado a cada hoyo, y al total de una determinada cancha. El par representa el juego esperado en un jugador de nivel en un buen día, que no cometa ningún error.

Los pares pueden ser:

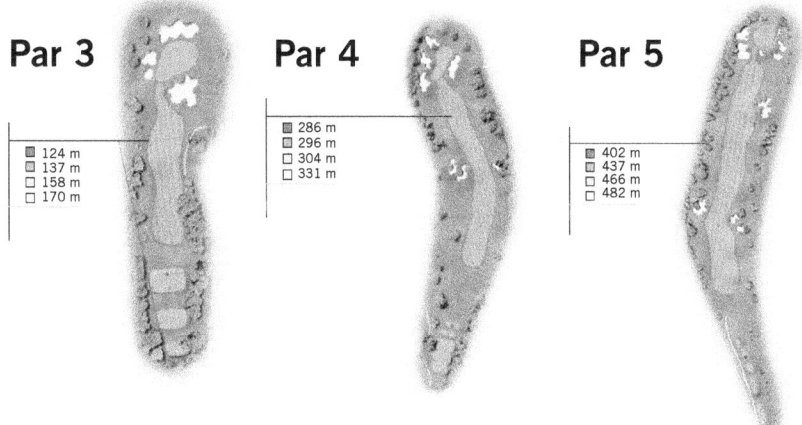

Par 3
- 124 m
- 137 m
- 158 m
- 170 m

Par 4
- 286 m
- 296 m
- 304 m
- 331 m

Par 5
- 402 m
- 437 m
- 466 m
- 482 m

Par 3: para hacer par en este hoyo, se deberá completar en tres golpes.

Par 4: para hacer par en este hoyo, se deberá completar en cuatro golpes.

Par 5: para hacer par en este hoyo, se deberá completar en cinco golpes.

El equipo de golf

Los palos son los instrumentos que se utilizan para impactar a la pelota. Estos incluyen maderas, hierros y el *putter*. Los palos son parte del equipo necesario para el juego. Según las reglas de golf, se pueden llevar 14 palos o menos en la bolsa, incluyendo el *putter*. Entre los palos, podemos observar diferencias notorias en cuanto a la forma de la cabeza e, incluso, los materiales con que están hechos:

Maderas: las maderas son los palos más largos que tenemos en nuestra bolsa y se utilizan para pegar tiros largos, generalmente los de salida, aunque también se los prefiere para pegar tiros largos desde el *fairway*.

En un principio, las maderas, como su nombre lo indica, tenían la cabeza de ese material. Con el correr de los años y el avance de la tecnología la madera fue sustituida por materiales que mejoraron la calidad del impacto.

Las comúnmente utilizadas y recomendadas son: 1, 3, 5 y 7.

Hierros: los hierros son palos con una cabeza de metal más pequeña que las maderas. Varían en longitud y se utilizan para realizar desde tiros largos hasta tiros de aproximación. Los hierros se pueden clasificar en tres clases: largos, medios y cortos.

Putter: este palo es utilizado para jugar sobre el *green*, haciendo rodar la pelota hasta el hoyo.

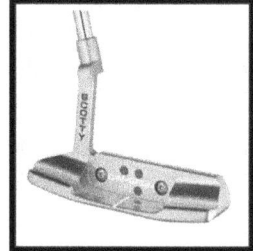

Maderas

***Driver* o madera 1**: este palo generalmente se utiliza desde el *tee* de salida. Es el palo con el que deberíamos alcanzar una mayor distancia.

Madera 3: este palo puede ser utilizado para ejecutar tiros largos desde el *fairway*. Si en un principio nos es muy dificultoso impactar correctamente la pelota con el driver, la madera 3 es una buena alternativa.

Maderas 5, 6, 7: menor será la distancia recorrida cuanto mayor sea el número de la madera utilizada. Por otro lado, cuanto mayor sea el número de la madera, más regularidad obtendrá en sus tiros.

Hierros

Hierros largos: 1, 2, 3, 4 y 5. Estos hierros son utilizados para ejecutar golpes desde las 220 hasta las 160 yardas, aproximadamente.

Hierros medios: 6, 7, 8 y 9. Son utilizados para cubrir distancias que oscilan entre las 150 y las 120 yardas, aproximadamente.

Hierros cortos: PW, SW, LW y AL. Son utilizados para ejecutar tiros de precisión. Cubren la distancia de las 110 yardas a la bandera. Son muy utilizados para hacer tiros alrededor del *green*.

Es fundamental conocer la diferencia entre estos palos para lograr el tiro deseado.

¿Qué distancia media se alcanza con cada palo?

La distancia alcanzada con cada palo es algo muy relativo, ya que depende de la velocidad con la que cada jugador golpee. En general, podemos decir que la distancia va en sentido inverso a la numeración de los palos. Así, cuanto menor es el número del palo, mayor es la distancia alcanzada. La elección de un palo en cada hoyo no depende únicamente de la distancia, o de que un palo sea más adecuado para un golpe o para otro; antes de dar el golpe, lo más adecuado es tratar de imaginar el vuelo y la distancia a la que pretendemos hacer rodar a la bola y, tras esto, estaremos en disposición de seleccionar el palo con el que nos corresponde jugar.

Bolas de golf

Hay muchos factores que influyen en el comportamiento de la bola, y los cambios que se pueden realizar afectan a la cubierta, a los alvéolos y al núcleo.

El factor más común a tener en cuenta cuando vamos a seleccionar una bola es el número de capas. Podemos encontrar bolas de una, dos, tres capas o multicapas. Las de una sola pieza actualmente se usan solamente en los campos de práctica. Las de dos piezas son las más usadas por los jugadores aficionados, por su duración y por la distancia que alcanzan. Son duras y generan escaso *spin*. Las de tres piezas buscan proporcionar al jugador mayor sensación y *spin*. Son menos resistentes a los cortes. En las multicapas se intenta combinar la duración, la sensación y la distancia.

Bola de dos piezas

Tradicionalmente era considerada como una bola para conseguir distancia. La tecnología actual ha logrado diseños más blandos que, incluso, son usados por los profesionales.

Bola de tres piezas

Tradicionalmente la usaban los jugadores que estaban dispuestos a sacrificar unos metros para ganar tacto y efecto. Los nuevos diseños han eliminado ese intercambio.

Bolas multicapas

Cada capa tiene como misión mejorar un tipo de golpe. Un núcleo para conseguir distancia con el *driver*, capas intermedias para los golpes con hierros y envolturas para sensación máxima y *spin*.

2 PIEZAS   3 PIEZAS   4 PIEZAS

Hándicap

El hándicap es el número de golpes que puede deducir de su resultado bruto al final de cada vuelta. Cuando se resta el hándicap, se obtiene el resultado neto, que es el que normalmente cuenta en las competiciones de la mayoría de los clubes.

Es un sistema que permite que todos participen en igualdad de condiciones. Su hándicap se determina por los resultados buenos y malos que vaya obteniendo; es decir que irá bajando o subiendo en función de los bajo o sobre par que haga.

Resultado bruto

Es el número de golpes reales dados en un hoyo o vuelta.

Resultado neto

Es el número de golpes reales restando su hándicap.

Índice de dificultad

El índice de dificultad que tiene cada hoyo es diferente. Este índice determina si usted recibe o no un golpe en ese hoyo. En teoría, el hoyo más difícil del campo recibe el índice 1, mientras que el más fácil, el 18. En un partido entre un hándicap 18 y un 10, el 18 recibe 8 golpes del otro jugador, y los tendrá en aquellos hoyos cuyo índice de dificultad sea de 1 a 8; por lo tanto, el jugador de hándicap 18 restará un golpe en cada uno de esos hoyos. Por ejemplo, si hace un 5 en un hoyo en el que recibe un golpe, su resultado neto para ese hoyo es de 4.

Imágenes básicas de una cancha de golf

Área de salida (*tee*)

Es desde donde se empieza el juego de un hoyo; el lugar desde donde se da el golpe de salida, y está delimitado por la posición de las marcas de salidas. Estas marcas son de distintos colores, según jueguen profesionales, *amateurs* o damas. Usted debe jugar su golpe de salida, dentro del área delimitada por estas marcas y dos palos de profundidad.

Calle (*fairway*)

Es toda área de hierba cortada al ras, que se extiende desde el *tee* hasta el *green*. El ancho varía enormemente, dependiendo del torneo y la cancha en la que se juegue.

Suelen medir entre 20 metros, apenas, hasta 40 o 50. Lo que se pretende con el golpe de salida es dejar la bola en la calle, porque esta se controla mejor desde la hierba corta que desde la larga.

Obstáculo de agua (*hazard*)

Es cualquier mar, lago, estanque, río, zanja, etc., ya sea que contenga agua o no, y cualquier escollo de naturaleza similar.

Existen dos tipos: los obstáculos de agua, y los obstáculos de agua lateral. Un obstáculo de agua se define con estacas o líneas amarillas y cruza el hoyo, mientras que un obstáculo de agua lateral está situado generalmente paralelo al hoyo, y se define con estacas o líneas rojas.

Obstáculo de arena (*bunker*)

Es un obstáculo consistente en un área de terreno preparada, frecuentemente una depresión, en la cual el césped ha sido sustituido por arena. En general, los *bunkers* se suelen situar muy cerca del *green* para atrapar los golpes de aproximación erróneos, pero los *bunkers* de la calle están diseñados para penalizar los *drivers* poco precisos, y son muy comunes.

El *green*

Es todo aquel terreno del hoyo que se está jugando que está especialmente preparado para el *putt* y donde se encuentra el agujero. Se emplea el *putter* en el *green* porque este palo tiene muy poco *loft* en su cara, y hace que la bola ruede por el suelo. Lo normal es que cada hoyo del campo tenga su propio *green*. Sin embargo, no es inusual que dos hoyos compartan un mismo *green* (gemelos).

La bandera

La bandera es un indicador vertical y movible que marca la posición del agujero en el *green*. Las banderas pueden variar de color entre los primeros y segundos 9 hoyos para identificarlos.

También pueden ser de distinto color, dependiendo de su ubicación en el *green*: corta, medio y larga.

Accesorios

Arregla-piques: cuando un jugador hace un golpe de aproximación y aterriza en el *green*, generalmente deja una marca. Cuanto más alto sea el golpe, más profundo es el pique. El jugador es el responsable de arreglarlo. Deberá hacerlo siempre para lograr la buena conservación del campo. Este trabajo también se puede hacer con un *tee*.

Marcas: cuando su bola está en el *green*, usted puede marcar su posición y levantarla para limpiarla si tiene barro o está mojada, y para evitar que interfiera en el *putt* de su compañero. Esto también se puede hacer con una moneda o un objeto similar.

Tee: es un soporte sobre el que se coloca la bola para dar el primer golpe en cada hoyo. Solo puede colocar la bola encima de este soporte para dar el golpe de salida. Se fabrican de diferentes medidas –entre 3 y 6 centímetros– y están hechos de madera o de plástico.

Zapatos

El zapato de golf es muy cómodo, resiste al agua y es transpirable. Tiene tapones de goma en lugar de clavos metálicos. Estos tapones de goma dañan menos la superficie del campo de golf, y, en particular, los *greens*.

Guantes

La mayoría de los golfistas llevan un guante de golf para agarrar mejor el palo. Los diestros llevan el guante en la mano izquierda. Los guantes de alta calidad son de cabra y resultan sumamente cómodos, pero nada prácticos cuando se juega con lluvia. El guante para todos los climas es el sintético, con el que se logra un *grip* mejor en condiciones húmedas y es más barato que el guante de piel.

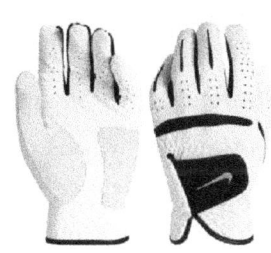

Bolsa de golf

Todos los golfistas necesitan una bolsa para llevar sus palos. Una buena bolsa deberá ser ligera, pero con mucho espacio en su interior para que quepan los palos, la ropa de agua, las bolas, y cualquier otro utensilio.

Términos de golf

Albatros: tres golpes por debajo del par en un hoyo.
Águila: dos golpes por debajo del par en un hoyo.
Approach: tiro de aproximación al *green*.
Best-ball: *match* en el cual un jugador juega contra la mejor pelota de dos o tres jugadores.
Birdie: un golpe por debajo del par en un hoyo.
Bogey: un golpe por encima del par en un hoyo.
Bola provisional: segunda jugada cuando la primera se cree perdida o fuera del límite.
Bunker: *hazard* que consiste en un área preparada de terreno, frecuentemente una depresión de la cual se ha removido el césped o tierra y reemplazado por arena o similar.
Chip: es un tiro de aproximación bajo y corto, para que la bola ruede hacia el hoyo.
Cross bunker: *bunker* ubicado antes del *green*.
Doble bogey: dos golpes por encima del par en un hoyo.
Dog leg: cuando el hoyo tiene una curvatura hacia alguno de los lados.
Draw: tiro que se desvía levemente hacia la izquierda en el caso de los diestros, y hacia la derecha en el caso de los zurdos.
Driver: palo que se utiliza mayormente para ejecutar el tiro de salida, también llamado *madera*.
Drop: cuando se repone la pelota que se va fuera de límites o al agua; la reposición se debe hacer en el terreno marcado para que se dropee; el dropeo se hace dejando caer la bola a la altura del hombro.

Fade: tiro que se desvía levemente hacia la derecha.

Fairway: sector de la cancha por donde debería circular la pelota antes de llegar al *green*.

Four-ball: *match* en el cual dos jugadores juegan su mejor pelota contra la mejor de otros dos jugadores.

Golpe de penalidad: punto que se debe sumar al *score* cuando se comete una infracción al reglamento, o cuando la bola se declara imposible de jugar.

Green: área de juego que rodea al hoyo.

Gross score: el total del *score*, antes de restarle el hándicap.

Hándicap: ventaja certificada de un jugador sobre otro. Es la cantidad de golpes que hace un jugador, sobre o debajo del par de la cancha al cabo de 18 hoyos.

Hazard **de agua**: cualquier mar, lago, estanque, río, zanjón, zanja de drenaje de superficie o cualquier otro cauce de agua abierto (contenga o no agua).

Hazard: cualquier *bunker* u obstáculo de agua.

Hook: efecto que se le pone a la pelota en el aire hacia la izquierda.

Hoyo: área comprendida entre el *tee* de salida y su *green* correspondiente.

Lie: posición o asiento de la pelota.

Lie **mejorado**: posibilidad que tiene un jugador de mejorar el asiento de la pelota.

Match play: es una forma de competencia que consiste en jugar por número de hoyos ganados.

Medal play: es una forma de competencia que consiste en jugar por medio del *gross score*; el que haga menos *score* gana.

Mulligan: es un segundo tiro que se hace desde el *tee*, sin contar el primero. Es una violación a las reglas.

Pitch: palo de cara abierta que se utiliza para tiros de corta distancia.

Pull: efecto que se le pone a la pelota en el aire hacia la izquierda.

Putt: golpe que se ejecuta sobre el *green*.

Putter: palo de cara plana que se utiliza para pegar el *putt*.

Putting green: todo el terreno del hoyo preparado especialmente para jugar el *putt*.

Rough: pasto alto a ambos lados del *fairway*.

Sand wedge: palo de cara más abierta que el *Pitch*, utilizado frecuentemente para sacar la pelota del *bunker*.

Score neto: *score* total cuando ya se ha restado el hándicap.

Slice: es el efecto que se le pone a la pelota en el aire hacia la derecha.

Stableford: modalidad de juego en la cual cada hoyo tiene una puntuación.

Stance: consiste en que un jugador coloque los pies en posición preparatoria para ejecutar un golpe.

Starter: persona encargada de dar la orden de salida a cada jugador o grupo de jugadores.

Swing: movimiento que se realiza para ejecutar el golpe.

Tee: elemento que se utiliza para apoyar la pelota en el tiro de salida.

Three-ball: competencia *match play* en la cual tres jugadores juegan uno contra el otro y cada uno juega su propia pelota. Cada jugador juega dos *matchs* distintos.

Este libro se terminó de imprimir en el mes de octubre de 2012,
en Arcángel Maggio S.A.
Lafayette 1695 Buenos Aires - Argentina

www.ingramcontent.com/pod-product-compliance
Lightning Source LLC
Chambersburg PA
CBHW060838050426
42453CB00008B/741